ひとり親のエンパワメントを支援する

日韓の現状と課題

神原 文子・田間 泰子〈編著〉

白澤社

はじめに

近年、子どもの貧困に社会的関心が持たれるようになり、ようやく、子どもたちが育つ世帯の貧困にも関心が向けられるようになってきました。特に、経済的な貧困状態にある子どもたちが育つ世帯の多くがひとり親世帯に相当します。

二〇一三年から二〇一六年にかけて、私たちは、研究助成金を得て、韓国のソン・ジョンヒョン教授（協成大学）たちと協力して、日本と韓国において、ひとり親当事者の方々にインタビューをお願いし、厳しい生活状況について聴かせていただきました。日本人三八名、在日コリアン一六名、韓国人三四名、合計八八名のひとり親の方々が協力してくださいました。そのなかで、当事者の方々を支援している団体の役割に光を当てる必要があると痛感し、二〇一七年から二〇一九年にかけて、今度は、ひとり親家族を支援しているさまざまな支援団体の代表やスタッフの方々にインタビューをさせていただきました。

コロナ禍はひとり親家族に大きな打撃を与えましたが、その前から、日本ではひとり親家族支援の動きが各地で広がってきており、全国的なネットワークもできています(1)。多くの支援団体では、金銭や物品の提供をしたり、困っていることや悩んでいることの相談に応じたり、交流会やレクリエーションなどの機会を提供したり、といったさまざまな支援を行なっています。支援者にとっては、もちろん、目の前の困っている人々を助けたいという思いがあるのは確かですが、それだけではなく、親も子どもも、この社会の中で安心して生活できるようになってほしいとの願いから支援がなされています。

私たちは、日本と韓国のひとり親家族支援の現状について学ぶうちに、ひとり親当事者ひとりひとりが自分の意思と選択によって、自らの生活を構築できるようになる支援、さらには、だれか他者を支援する存在になったり、理不尽な世の中を変えていく担い手になりえたりするような支援、すなわち、当事者のエンパワメントの支援が、支援の柱ではないかと考えるようになりました。

エンパワメントとは、まず一人ひとりが本来持っている力を発揮し、自らの意思で自らの生き方を選択できることを意味します。しかし、それだけではなく、人々が繋がり、より良い社会への変革をめざす主体になることもエンパワメントの重要な目的です［グレイメイ 2000］。韓国の支援団体においては、ひとり親当事者のエンパワメントが自覚的に支援の目的として掲げられています。

日本と韓国とは、国家間では、必ずしも良好な関係とは言えない状況でも、民間レベルでは、長い歴史をもつ人的交流に加えて、芸能や観光などの文化交流が活発に行なわれてきました。とはいえ、韓国のひとり親家族支援策については、日本では一部を除いてさほど知られてはいません。

本書では、ひとり親当事者のエンパワメントを支援する具体的な取組みを紹介するとともに、支援における課題について提起します。ひとり親支援をする公的組織や、民間団体で、当事者のエンパワメントを支援するさまざまなアイデアが共有され、支援のアイデアが広がるならば、支援団体のエンパワメントになるものと期待されます。さらに、直接にはひとり親支援に関わっていない多くの方にも、ひとり親世帯の現状や支援について知っていただき、どこかで何らかの支援に繋がる人が増えれば、ひとり親家族のみならず、だれもが差別されることなく、安心して生活できる包摂型の（インクルーシブ）社会の実現につながるに違いないと期待しています。

第1章では、コロナ禍における日本のひとり親家族の現状を紹介します。第2章から第4章までは、日韓の支援制度と民間団体の比較を行なっています。第5章は、日本の公的機関である男女共同参画センターにおける支援について解説します。第6章では、日本の移民女性のひとり親家族支援について現状と課題を提起しています。第7章では、韓日のひとり親の起業支援の現状と課題を紹介します。そして、第8章では、日韓の未婚母／非婚母の実態をふまえて、支援をめぐる課題を提起しています。なお、本書では、死別のひとり親当事者や父子家族について触れることはできておらず、その点は、本書の限界です。

とはいえ、本書が、お隣同士の日本と韓国の、ひとり親当事者の方々、そして支援をなさっている方々にとりまして、さらなるエンパワメントの役に立てればと願っています。

神原　文子
田間　泰子

〈注〉

（1）https://www.single-mama.com/council/

ひとり親のエンパワメントを支援する——日韓の現状と課題

目次

ひとり親のエンパワメントを支援する――日韓の現状と課題◎目次

はじめに・2

第1章　コロナ禍における子づれシングル世帯――神原文子・11
1　コロナ禍が始まった・11
2　子づれシングル世帯の生活の変化――大阪府の緊急調査より・13
3　子づれシングルが被る社会的排除と生きづらさの深刻化・20

第2章　日本の民間ひとり親家族支援団体の取組み――神原文子・25
1　民間のひとり親家族支援団体・25
2　支援の内容・28
3　活動の意義・36
4　支援団体の課題・40
5　「支援機能」からみた課題・44
6　近年の動向・47

第3章　韓国の民間ひとり親家族支援団体の取組み――ソン・ジョンヒョン、キム・ヒジュ、チャン・ヨンジン（訳＝梁京姫）・51
1　支援団体の現状・51
2　一〇団体の調査から・58
3　まとめと提案・74

第4章　ひとり親家族支援の日韓比較――神原 文子・79
1　日韓のひとり親世帯の現状・79
2　公的なひとり親家族支援策――ソウル特別市と東京都の比較・83
3　日韓の支援団体の特徴・91
4　ひとり親支援への提案・99

第5章　日本の男女共同参画センターの取組み――仁科 あゆ美・101
1　男女共同参画センターの役割・101
2　全国の男女共同参画センターの取組み・106
3　地域における特色ある取組み・108
4　ひとり親支援の可能性と課題・121

第6章　日本の移住女性ひとり親家族支援　　朴 君愛・125

1　支援の現場の声を聞く意義は・125
2　データはどこに？・127
3　外国人支援団体の取組み・128
4　求められる支援と社会の課題・129
5　支援に必要な視点・135
6　支援団体をめぐる課題・140

第7章　起業はシングルマザーをエンパワーする！　　桔川純子・田間泰子・143

1　シングルマザーの起業支援・143
2　韓国初の寄付財団の実践・145
3　韓国初のシングルマザーの起業支援「希望の店」プロジェクト・146
4　分かち合いの循環をつくる「希望の店」・152
5　コロナ禍での奮闘・155
6　希望が循環する起業の仕組み・156
7　シングルマザーと起業――もしも日本で起業するとしたら・158

第8章　日韓の未婚／非婚母のエンパワメント――田間泰子・165
1　日本と韓国の未婚／非婚母の現状・165
2　インタビューから見る非婚母たち・172
3　非婚母への分かれ道・182
4　支援がもたらすエンパワメント・185
文献リスト・191
おわりに・195
ひとり親支援団体一覧〔第2章〕表2-1・〔第6章〕表6-1／掲載許可をいただいた団体）・200

カバー・表紙・本扉イラスト＝尼野三絵

第1章　コロナ禍における子づれシングル世帯(1)

神原　文子

1　コロナ禍が始まった

二〇二〇年二月二七日、突然、政府により、新型コロナウイルスの感染拡大を理由として、三月二日からの臨時一斉休校が要請された。そして、一斉休校が解除されないまま、四月七日からの緊急事態宣言の発令となった。

いつまで続くかわからない状況のなかで、子づれシングルや子どもたちを支援する団体には、窮状を訴える声や支援を求めるメールが徐々に届くようになった。メッセージや支援物資への礼状の中には厳しい暮らしぶりも記されていた。その一部を匿名で紹介しよう(2)。ちなみに、子づれシングルとは、「子どもを養育している無配偶の生活者」を意味する私の造語である［神原 2010］。

・コロナで子どもたち（一歳男子と四歳男子）が保育園に行けず、自宅保育をしながらのテレワークはとても大変です。深夜や早朝に仕事をこなし、日中は子どもの相手をしながら、会社からの電話でWEB会議に参加し、毎日、ヘトヘトです。こんな時に大人がもう一人いてくれたら……と、何度も思います。

・たくさん食べる子どもたち（一二歳男、六歳女）なので、食料がいくらあっても足りません。休校になって、普段、給食で栄養も満腹も頼っていたことを実感しています。在宅で、光熱費も高くなっています。

・子どもは二人（一六歳女、一〇歳女）。高二の娘が学習の遅れにいらだっています。オンライン学習に必要なパソコンやプリンターなどの設備が家にありません。

・コロナの影響が大きく、アルバイトで働いていた私は解雇となり、再就職もできません。「シングルマザーだと国から優しくしてもらえていいよね」と、知人から言われます。望んでシングルになったのでやるしかないと思っています。

・私は、現在、精神科に通って治療中のため、生活保護を受けています。コロナ禍において、今までよりもネットなどでバッシングがひどくなりました。早く治して働きたいと思っています。高校生の娘だけがバイトに行き、頑張っているので申し訳なくつらいです。

ほかにも多くの声が寄せられた。

子づれシングルたちのメッセージからは、収入が減少し、逆に、食費、光熱費など出費は増え、さらに、子育ての負担も増える中、公的支援は一向に届かず、支援を求めても電話はなかなかつながらないといった、生活困難や不安の中でストレスが募っていた様子が十分に伝わってくる。

しかし、他方で、「コロナ禍で生活が苦しくなったのは、ひとり親だけではない。だれもがたいへんな思いをした（している）のだ」、といった心ない声も聞こえてきた。

なによりも、コロナ禍での子づれシングルの実態を明らかにすることの重要性を痛感した。

2 子づれシングル世帯の生活の変化——大阪府の緊急調査より

大阪府は、最初の緊急事態宣言が解除されたあとに「新型コロナウイルス禍が女性に及ぼす影響に関する緊急アンケート調査を実施した。その結果の一部を引用し、解説しよう(3)［大阪府 2020］。

(1) 子づれシングルたちの仕事と収入の変化

アンケート回答者の女性九九一人中、「正社員」四八・五％、「非正規」二五・二％、「自営業」六・一％、男性一八五人中、「正社員」七八・九％、「非正規」八・一％、「自営業」九・二％である。

表 1-1　男女別・職業別・働き方の変化

就業日数が増えた	就業日数が減った	1日の就業時間が増えた	1日の就業時間が減った	在宅勤務が増えた	時差出勤が増えた	仕事を辞めた（自己都合）	仕事を辞めた（解雇・雇い止め・倒産など）	特に変化はない	その他	無回答
3.0%	17.6%	7.0%	12.3%	28.1%	13.2%	2.2%	0.7%	38.3%	5.2%	0.4%
2.4%	8.5%	8.0%	10.5%	37.7%	18.5%	0.7%	0.5%	35.5%	5.1%	0.5%
3.9%	31.3%	7.0%	13.0%	12.6%	6.5%	5.2%	1.3%	44.3%	5.2%	0.4%
3.6%	28.6%	0.0%	23.2%	21.4%	1.8%	0.0%	0.0%	33.9%	5.4%	0.0%
2.8%	19.0%	11.7%	11.2%	31.8%	17.3%	0.0%	0.0%	40.2%	1.7%	0.0%
2.7%	14.4%	13.7%	8.2%	34.9%	18.5%	0.0%	0.0%	39.0%	1.4%	0.0%
0.0%	40.0%	0.0%	33.3%	26.7%	13.3%	0.0%	0.0%	40.0%	6.7%	0.0%
5.6%	38.9%	5.6%	16.7%	11.1%	11.1%	0.0%	0.0%	50.0%	0.0%	0.0%

（出典：［大阪府 2020］）

表 1-2　男女別・職業別・収入の変化

		計	収入が増えた	収入が減った	収入がなくなった	変わらない	その他	無回答
女性	全体	615	3.9%	28.9%	2.1%	63.4%	1.6%	13.8%
	正社員	362	3.6%	19.3%	0.8%	73.8%	2.2%	14.1%
	非正規	204	3.9%	36.8%	4.4%	54.4%	0.5%	13.2%
	自営業	49	4.1%	67.3%	2.0%	24.5%	2.0%	14.3%
男性	全体	165	2.4%	25.5%	0.0%	72.1%	0.0%	8.5%
	正社員	134	0.7%	16.4%	0.0%	82.8%	0.0%	9.0%
	非正規	13	0.0%	69.2%	0.0%	30.8%	0.0%	15.4%
	自営業	18	16.7%	61.1%	0.0%	22.2%	0.0%	0.0%

（出典：［大阪府 2020］）

		計
女性	全体	697
	正社員	411
	非正規	230
	自営業	56
男性	全体	179
	正社員	146
	非正規	15
	自営業	18

表1－1「男女別・職業別・働き方の変化」によると、男女ともに「正社員」では「在宅勤務が増えた」の比率が高く、他方、男女ともに「非正規」と「自営業」では、「就業日数が減った」、「一日の就業時間が減った」の比率が高い。そして、このような仕事の変化は収入の変化に直結する結果となった。

表1－2「男女別・職業別・収入の変化」によると、男女ともに、「正社員」よりも、「非正規」と「自営業」で収入減少の比率の高さが顕著である。「自営業」では、男女ともに、収入減少が六〇％を超えており、夫と妻や親子など家族で経営しているような世帯では、その多くが経済的に厳しい状況になったものと推察される。

（2）世帯単位で収入の変化を捉える

表1－3「世帯別の収入の変化」は男女別ではないが、子づれシングル世帯については、男女別に収入の変化を読み取ることができる。「女性本人と子」、「男性本人と子」の世帯が相当する。

表1－3によると、「収入が減った」のは、「女性本人と子（末子が小学生以下）」世帯では三六・四％（三世帯に一世帯）、「女性本人と子（末子が中学生以上）」世帯では二三・五％（四世帯に一世帯）に

表 1-3　世帯別の収入変化

	計	収入が増えた	収入が減った	収入がなくなった	変わらない	その他	無回答
全体	1099	2.5%	20.9%	1.3%	48.8%	1.1%	25.4%
単身	150	2.7%	26.7%	0.7%	52.0%	0.0%	18.0%
本人と親	98	2.0%	21.4%	0.0%	61.2%	0.0%	15.3%
本人と配偶者	169	1.2%	21.3%	1.2%	49.1%	0.6%	26.6%
本人・配偶者・子（末子が小学生以下）	391	3.3%	17.6%	1.3%	40.7%	2.6%	34.5%
本人・配偶者・子（末子が中学生以上）	142	2.8%	18.3%	1.4%	57.0%	0.0%	20.4%
女性本人と子（末子が小学生以下）	22	4.5%	36.4%	0.0%	40.9%	4.5%	13.6%
女性本人と子（末子が中学生以上）	33	5.9%	23.5%	2.9%	58.8%	0.0%	8.8%
男性本人と子（末子が中学生以上）	2	0.0%	0.0%	0.0%	100.0%	0.0%	0.0%
親と本人	3	0.0%	33.3%	0.0%	66.7%	0.0%	0.0%
三世代	52	0.0%	26.9%	5.8%	42.3%	0.0%	25.0%
その他	37	0.0%	18.9%	0.0%	56.8%	0.0%	24.3%

（出典：大阪府の提供による）

もなっている。「本人・配偶者・子（末子が小学生以下）」一七・六%、「本人・配偶者・子（末子が小学生以上）」一八・三%との差が大きい。しかも、「平成二八年度全国ひとり親世帯等調査」によると、母子世帯の「正規の職員・従業員」の就労年収は三〇五万円であるが、「パート・アルバイト等」の非正規職では一三三万円（月額一一・一弱万円！）とコロナ前でも収入の低さが際立っている［厚生労働省 2017］。

もう一点、指摘しておきたいのは、女性の「単身」一二六人（一三・八%）、男性の「単身」一二三人

（二二・四％）のうち、「収入が減った」（二六・七％）と「収入がなくなった」（〇・七％）を合わせると、二七・四％にもなる点である。単身女性の「非正規」（一九・〇％）や単身男性の「非正規」（二七・四％）では、元々の収入が低く、さらに減収となると、食費のみならず家賃や光熱費などの支出の負担が重くなって生活が困窮したものと推察される。母子世帯に限らないが、コロナ前から、「非正規」での低い就労収入が、コロナ禍でさらに減収となると、経済的困窮の深刻さは計り知れない。

「三世代」も、「収入が減った」と「収入がなくなった」を合わせると三一・七％にもなる。ただ、回答者の多くは女性であるが、これらの回答者に配偶者や父親がいる場合に、前述のとおり、配偶者や父親の八〇％は「正社員」であり、その八〇％以上は収入の「変化はなかった」とすると、世帯収入全体の影響は、「女性本人と子」の世帯や非正規の単身者よりは、まだしも限定的であったと解される。しかし、中には、三世代で自営業を営み、世帯全体で収入減となった世帯もあるだろう。

緊急事態宣言下であっても、個人や世帯の困窮度に応じたきめ細かい支援策が必要であることをデータは示唆している。

（3）コロナ禍における生活の変化

表1－4「性別・世帯別・コロナ禍における生活の変化」によると、とりわけ、小学生以下の子どものいる世帯で、男性よりも女性たちにおいて、家事の負担増、子育ての負担増に、「生活に対する

不安」、「感染への不安」も加わり、重複する生活困難によるストレスの増幅を経験したことが窺える。

さらに、「女性本人と子」世帯の子づれシングルたちの場合、家事増加、子育て増加、感染不安、（表にはないが）支出増加に、「非正規」や「自営業」の場合は収入減少も加わって、重複する生活困難が深刻化し、ひとりで子どもとの生活を守るうえで、もはや、なすすべもない状況にあった（ある）可能性が高い。自分にせよ、子どもにせよ、感染すると、母子の生活は成り立たなくなるという不安の大きさは想像に難くない。

配偶者との関係が良くなった	人との交流機会が減った	生活に対する不安を抱えていた	感染への不安を抱えていた	特に変化はなかった	その他
5.7%	78.5%	38.0%	75.2%	4.6%	5.4%
1.6%	84.1%	38.1%	73.0%	3.2%	7.1%
0.0%	75.3%	38.3%	77.8%	7.4%	3.7%
12.9%	81.1%	29.5%	72.0%	8.3%	5.3%
7.5%	80.5%	43.8%	77.5%	3.3%	3.3%
5.0%	75.2%	31.7%	74.3%	6.9%	4.0%
−	72.7%	50.0%	72.7%	0.0%	9.1%
−	63.6%	36.4%	78.8%	0.0%	12.1%
−	50.0%	0.0%	0.0%	0.0%	0.0%
2.2%	75.6%	31.1%	80.0%	4.4%	8.9%
5.6%	69.4%	36.1%	66.7%	2.8%	13.9%
6.5%	67.0%	27.6%	63.2%	11.4%	4.3%
0.0%	87.0%	34.8%	39.1%	8.7%	0.0%
0.0%	50.0%	25.0%	56.3%	18.8%	0.0%
18.9%	70.3%	27.0%	67.6%	10.8%	5.4%
5.3%	61.4%	33.3%	61.4%	10.5%	8.8%
4.9%	65.9%	19.5%	73.2%	9.8%	2.4%
−	100.0%	100.0%	100.0%	0.0%	0.0%
−	100.0%	0.0%	100.0%	50.0%	0.0%
0.0%	57.1%	0.0%	71.4%	14.3%	0.0%
0.0%	100.0%	100.0%	100.0%	0.0%	0.0%

（出典：［大阪府 2020］）

表 1-4　性別・世帯別・コロナ禍における生活の変化

	計	家事の負担が増えた	家事の負担が減った	仕事や勉強に集中できなくなった	仕事や勉強に集中できた	子どもを叱ることが増えた	子どもを叱ることが減った	配偶者との関係が悪くなった
女性	911	48.8%	1.3%	20.7%	4.2%	23.6%	2.1%	8.6%
単身	126	11.1%	0.8%	15.9%	10.3%	0.8%	0.8%	0.0%
本人と親	81	17.3%	0.0%	29.6%	9.9%	0.0%	0.0%	1.2%
本人と配偶者	132	38.6%	2.3%	16.7%	3.8%	0.0%	0.0%	6.8%
本人・配偶者・子（末子が小学生以下）	333	70.0%	2.1%	21.6%	1.2%	51.7%	3.9%	15.3%
本人・配偶者・子（末子が中学生以上）	101	56.4%	0.0%	19.8%	1.0%	12.9%	0.0%	11.9%
女性本人と子（末子が小学生以下）	22	77.3%	0.0%	27.3%	0.0%	36.4%	4.5%	－
女性本人と子（末子が中学生以上）	33	66.7%	0.0%	24.2%	12.1%	12.1%	3.0%	－
父親と本人	2	50.0%	0.0%	0.0%	50.0%	0.0%	0.0%	－
三世代	45	53.3%	2.2%	17.8%	2.2%	33.3%	6.7%	8.9%
その他	36	33.3%	0.0%	25.0%	2.8%	5.6%	0.0%	2.8%
男性	185	27.0%	1.1%	21.6%	4.3%	8.6%	1.1%	8.6%
1 人暮らし	23	17.4%	0.0%	13.0%	4.3%	0.0%	0.0%	0.0%
本人と親	16	25.0%	0.0%	25.0%	6.3%	6.3%	0.0%	6.3%
本人と配偶者	37	16.2%	0.0%	13.5%	2.7%	0.0%	0.0%	2.7%
本人・配偶者・子（末子が小学生以下）	57	40.4%	1.8%	33.3%	0.0%	24.6%	3.5%	10.5%
本人・配偶者・子（末子が中学生以上）	41	26.8%	2.4%	17.1%	7.3%	2.4%	0.0%	12.2%
母親と本人	1	0.0%	0.0%	0.0%	100.0%	0.0%	0.0%	－
男性本人と子（末子が中学生以上）	2	0.0%	0.0%	0.0%	0.0%	0.0%	0.0%	－
三世代	7	28.6%	0.0%	28.6%	14.3%	0.0%	0.0%	28.6%
その他	1	0.0%	0.0%	0.0%	0.0%	0.0%	0.0%	100.0%

3　子づれシングルが被る社会的排除と生きづらさの深刻化

（1）子づれシングルを排除する社会

社会的排除とは、「いかなる人にとっても、共同社会で暮らすための最低限の経済的・政治的・社会的・文化的諸権利が不充足・否定・アクセス困難な状況におかれること」と定義することができる［神原 2007:19; 神原 2010］。そのうえで、これまで、私は、社会的排除が子づれシングルの生きづらさの要因となっていると捉えてきた［神原 2020］。二一世紀になっても、子づれシングル世帯を排除する日本社会のしくみに大きな変化は見られないなかで、コロナ禍が襲いかかった。

図1－1は、コロナ禍において、子づれシングルたちが被ってきた社会的排除の深刻化を図示したものである。

図1－1の第Ⅰ層のドーナツ状の円内は、現代社会において、正規職で、標準家族で[4]、地域の一員として受け入れられながら、先の見通しを立てて生活することができている人びとの様相を示しており、「社会的に包摂されている層」と言える。コロナ禍でも生活基盤はさほど変化しない。第Ⅱ層のドーナツ状の円内は、第Ⅰ層の円内のいずれかの属性を有していないことによって、第Ⅰ層と同等の生活諸条件を保持することが、制限、剥奪、接近困難な状況にある。非正規職の低賃金就労、離別や非婚による子づれシングル、地域社会におけるよそ者、生活不安や困難を抱えた人びとの様相であり、

図 1-1　コロナ禍における子づれシングルが被る社会的排除の深刻化

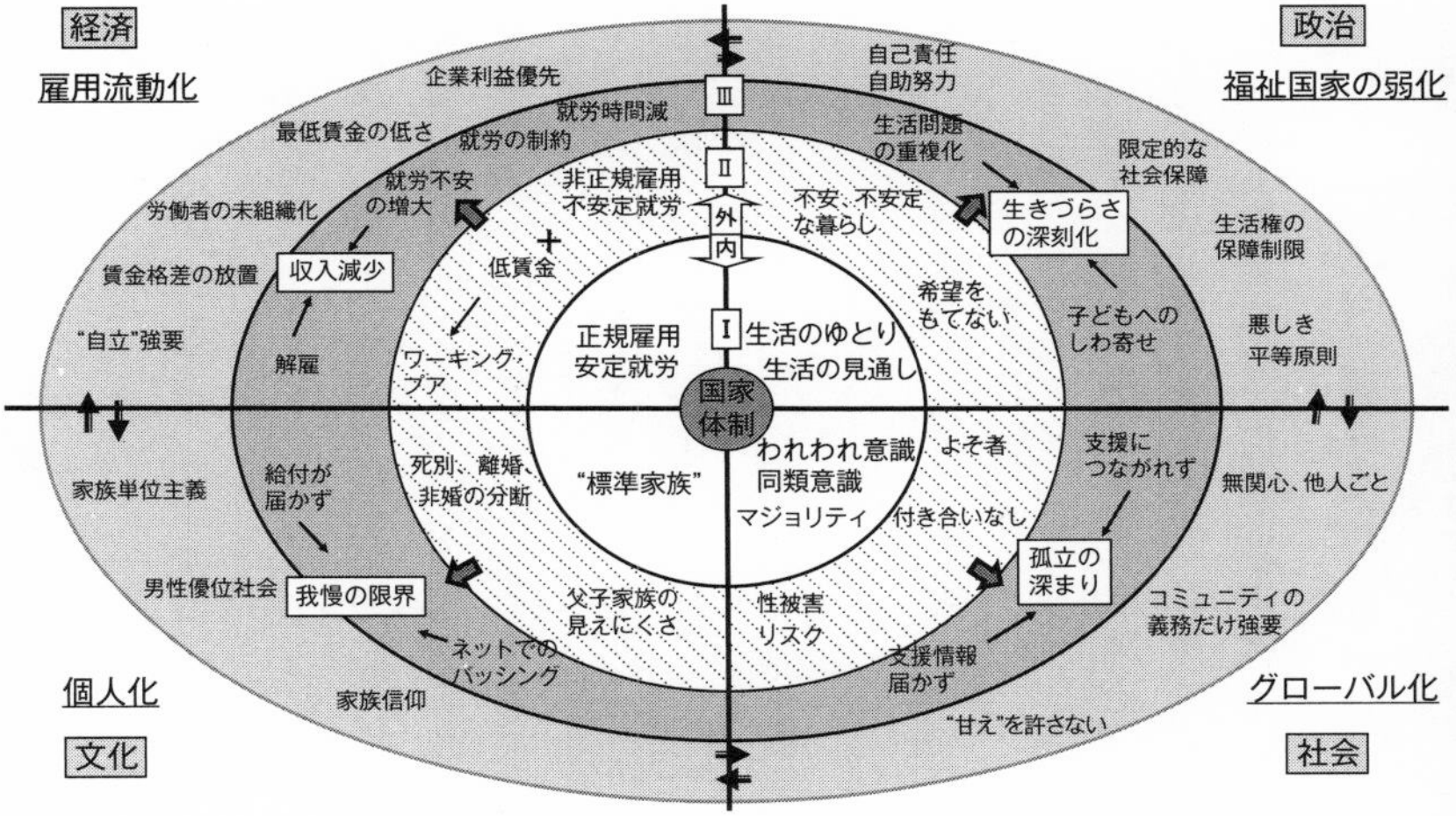

（作成：神原）

「社会的排除を被っている層」と呼ぶ。私が、この第Ⅱ層の人びとを、「社会的排除を被っている」と捉えるのは、中心円の国家体制が、一番外側のドーナツ状の楕円内で列挙している社会的な諸施策（あるいは、有効な施策の欠如）によって、第Ⅱ層の人びとの生活不安や困難を、黙認、放置、隠蔽といった社会的に排除するしくみを維持し、第Ⅰ層と第Ⅱ層との格差を正当化する役割を果たしていると考えるからである［神原 2010; 神原 2020］。

そして、第Ⅱ層の外側の第Ⅲ層は、コロナ禍で、第Ⅱ層に属する人々の状況がさらに悪化した様相を示している。非正規雇用で低賃金の人々において就業時間や就業日数の減少や解雇による収入の減少や収入の喪失があったり、支援を求めることに対するネットでの誹謗・中傷、また、民間の支援があっても情報が届きにくかったり、支援自体が制限を余儀なくされたり、他者との交流もできずに孤立が深まったりなど、平時でも生活不安や困難を抱えていたところに、さらに家事や子育ての負担や支出増加がのしかかったりといった状況を指摘することができる。にもかかわらず、公的支援策は極めて限定的、一時的、そして、スピードの遅さゆえに、社会的排除を深刻化させたと言えるだろう。

(2) 社会的排除の深刻化と生きづらさの深刻化をもたらした諸要因

三年間近い政府のいろいろなコロナ対策を見ていると、経済的な支援策は非常に限定的であり、給付金は一時的で不十分であり、スピードがあまりにも遅すぎた。たとえば、定額給付金にしても、一律一〇万円といった「悪しき平等主義」ではなく、本当に困っている人から優先的に給付する、あるいは一番困っている世帯に、「何カ月続くか分からないから五〇万円」と手厚くするといったことは、一世帯二枚ずつのマスクの配布のように、閣議決定しさえすればやれたはずだ。

政府が、国民一人ひとりが何に困っているのかというニーズ把握を迅速に的確にできなかったことが、さまざまな支援策のミスマッチを生んだと解される。その結果、一番立場の弱い人びとの所にしわ寄せがいったことを、「社会的排除の深刻化」と、私は捉えている。コロナ禍において、子づれシングルたちの中には、親族も困っていたり、感染リスクゆえに力になってくれる友だちにも頼れなかったりという状況も、生活困窮が深刻化した要因となっている。

この間、全国各地でひとり親支援団体がボランティアとして頑張って支援をしてきたという状況について、直接的・間接的に私もいろいろ聞いてきた。しかし、残念ながら、日本ではひとり親支援団体に対する公的な支援がほとんどない。一部を除いて、多くのひとり親支援団体は地域限定的であったり、支援力も限られ、お金もないし人手もない、しかも情報発信力も限定的であったりと、コロナ禍でのひとり親世帯の社会的排除の深刻化を防ぐまでには、なかなか至らなかったと言えるだろう。しかし、このことは、支援団体の問題では決してない。

もう一点、付け加えるべき点は、日本社会の中での、「子づれシングルへの社会的無理解」と言わざるをえない状況であり、この社会的無理解に対して、公的な対策が何ら講じられていないことである。日本では家族を維持することが絶対であり、離婚すること、結婚しないで子どもを産むことは恥ずかしいことだという意識が、今日もなお根強く、結果として、当事者にも思わせてしまっている。たとえば、子づれシングルになるということについて、「本人のわがままだ」、あるいは、「我慢が足りない」というような捉え方が、まだまだされている。このようなとらえ方と、日本社会における、死別、離婚、未婚／非婚の親という、子づれシングルになる理由の違いに対する差別の存在とは無関係ではない。さらに、コロナ禍で、当事者、あるいは、支援団体が情報発信したり声を上げたりすると、それに対する差別や偏見が顕在化して、ネットで無責任な書き込みが行なわれたりする。こうしたことが、当事者の声を封じる働きをしてしまっていると言わざるをえない。このような事態も、社会的排除を深刻化させ、当事者たちの生きづらさの深刻化につながったと言えるだろう。

〈注〉

（1）神原文子 2021「コロナ禍における子づれシングル世帯の生活困難」『部落解放』802: 77-91. 神原文子 2021「コロナ禍における子づれシングル女性の生活困難―社会学の視点から―」『家族研究年報』46: 41-55. 大幅に圧縮や修正を行なった。

（2）NPO法人しんぐるまざあず・ふぉーらむ・関西に寄せられたメッセージの一部を匿名で引用する許可を得た。

（3）WEB調査と紙式調査票との併用で、代表性が確保されているとは言えない。しかし、第一回目の緊急事態宣言が解除された直後に実施された調査であり、緊急事態宣言下での就労の変化のみならず、生活の変化も捉えられている点で極めて重要なデータである。府の担当部署の了解を得て紹介している。

（4）一九六〇年代から八〇年代にかけて、日本では、収入を稼ぐ夫と専業主婦の妻、子ども二人の四人家族が、全世帯の過半数を占めていたことから、家計に関する税金や社会保障を計算する時に、家族の「標準」と見なされてきた。しかし、八〇年代後半から徐々に減少し、近年では、単身世帯数が上回っている。

第2章　日本の民間ひとり親家族支援団体の取組み

神原　文子

1　民間のひとり親家族支援団体

日本における民間のひとり親家族支援団体（以下、「ひとり親支援」団体と略す）として、最初に、全国母子寡婦福祉団体協議会（以下、「全母子協」と略す）と、各都道府県・政令指定都市に所在する加入五三団体について触れないわけにはいかない。(1)全母子協のルーツは、一九五〇年に発足した全国の戦争未亡人による全国未亡人団体協議会である。発足時から、母子世帯の福祉の向上をめざして、国にたいして母子福祉法の制定や児童扶養手当の支給を求める要望などを行なってきた活動は十分に評価される。今日、加入五三団体の大半は、各都道府県・政令指定都市にある母子福祉センター、社会福祉センター、男女共同参画センターなど、公的施設の一角に事務所を構えている。そして、それぞれの団体において、ひとり親支援活動として、各都道府県・政令指定都市が実施しているひとり親支援事業のうち、就業支援事業（就業支援講習や無料職業紹介事業）、日常生活支援事業、親子交流事業、弁護士による無料法律相談などを受託している。中には、保育所、児童養護施設、母子福祉施設などを運営している団体や、コロナ禍において食糧支援を行なっている団体があり、個々の活動については、それぞれのホームページから覗《うかが》い知ることができる。さらに、全母子協としては、二〇一七年度より、ローソンからの寄付を財源として、「ひとり親家庭支援奨学金制度」を立ち上げ、中学三年生と高校生四〇〇人を対象に奨学金を給付する事業を始めている。

実は、個人的には、全母子協についてショックを受けた思い出がある。二〇〇二年一一月二二日の厚生労働委員会で、母子及び寡婦福祉法の一部改定（「改正」ではない）、そして、児童扶養手当法の改定（「改正」ではない）に関する参考人聴取が行なわれたが、当時の会長は、政府与党の参考人として、改定を容認する発言をしたのである。改定は、翌年度から児童扶養手当の全額支給が、それまでの二〇〇万円から一三〇万円に引き下げられ、しかも、児童扶養手当の受給期間が五年を超える場合には、手当を減額するという制度の導入だった。野党の参考人のひとりであった私としては、「ありえない！」と思った。その日の午後、改定案は成立した。同じ頃、ある母子寡婦会の研修の講師として参加した折に、役員の方々の間で、「近頃は、我慢できずに離婚する人も増えていて……」といった会話が堂々と交わされていた。このような団体に、離婚や非婚による母子は参加しづらいに違いないと思ったものだ。ただ、他方で、大阪府母子寡婦福祉連合会の会長さんたちや事務局長さんとは懇意にさせていただき、子づれシングル女性たちの厳しい現実について学ばせていただいてきた。

団体概要にも明示されているように、全母子協が、「国と特に密接な関係がある」特例民法法人ではない一般財団法人として、これまで以上に、ひとり親家族の福祉向上にとり組んでいただけることを期待したい。

以下では、一九八〇年代以降に結成されたひとり親支援団体について、九団体にインタビューさせていただいた内容をもとに、取組みの現状と課題を紹介しよう。

九団体は、「NPO法人　しんぐるまざあず・ふぉーらむ・福島（現・しんぐるぺあれんとF・福島）」（以下、「福島」と略称する。以下も同様）、「認定NPO法人　しんぐるまざあず・ふぉーらむ」（「東京」）、「NPO法人　しんぐるまざあず・ふぉーらむ・福岡」（「福岡」）、「NPO法人　しんぐるまざあず・ふぉーらむ・関西」（「関西」）、「シングルペアレント101」（「静岡」）、「認定NPO法人　インクルいわて」（「インクル」）、「認定NPO法人　女性と子ども支援センター　ウィメンズネット・こうべ」（「ウィメンズ」）、「一般社団法人　シンママ大阪応援団」（「シンママ」）、「一般社団法人　日本シングルマザー支援協会」（「日本シングル」）である。

なお、本章においても、死別、離婚、未婚／非婚により、無配偶で、子どもを養育している方々を、「子づれシングル」と表記することをお断りしておく。

九団体の中では、子づれシングル当事者が立ち上げた団体が多く、「東京」、「関西」、「福岡」は、一九八五年の児童扶養手当の改悪に反対する当事者の会として発足し、その後、二〇〇二年の児童扶養手当のさらなる改悪に反対して連携を強め、賛同する当事者団体が各地にできあがっていった。「福島」「静岡」「日本シングル」も当事者が立ち上げた団体である。

「ウィメンズ」は阪神淡路大震災直後のDV被害相談から、「インクル」は東日本大震災後の就労支援を契機として、また、「シンママ」は、代表者が生活保護に関する相談を受ける過程で子づれシングル女性を支援するようになったという。

団体によって、ひとり親家族を支援するねらいは少しずつ違うものの、いずれの団体も、子づれシングルと子どもたちが少しでも生き生きと楽しく暮らせることを願って支援している。加えて、「インクル」のように、包摂型の（インクルーシブ）社会の実現を目指す団体、「ウィメンズ」のように、男女共同参画社会の実現を掲げている団体もある。

2　支援の内容

支援内容は多岐にわたる。それぞれの団体は、その団体がかかげる支援のねらい、支援団体の立地、支援する人的資源、資金などによって、特徴のある支援を行なっている。

(1) 相談

いずれの支援団体も、電話、メールなどの方法で、子づれシングルの相談に応じており、支援団体によって違いはあるが、相談内容は以下のように多岐にわたる。

・離婚前から離婚調停中、裁判中、離婚後までのサポート(「静岡」、「東京」、「シンママ」)
・ひとり親家族の総合的な相談(生活相談、仕事の相談、法律相談など)(「福岡」、「シンママ」)
・DV被害者からの相談に対する総合的な支援(「ウィメンズ」、「シンママ」)
・メール、電話、面談による生活全般の相談、子育て、離婚、DVなどの相談(「関西」)
・定期的なおしゃべり会におけるグループ相談(「関西」「福岡」「ウィメンズ」、「シンママ」)

子づれシングルにとって、困ったことやわからないことがあっても、役所に相談に行ったり、電話で問い合わせたりするのは、どうしても敷居が高い。また、平日しか開いていない役所に出向くために、わざわざ仕事を休むこともしづらい。そのような状況の子づれシングルにとって、支援団体であれば、メールででも比較的気軽に問い合わせをしやすいし、親身になって相談に応じてもらえるといった頼りがいを実感できる利点がある。

(2) 当事者同士の交流会の開催

それぞれの支援団体は、月一回程度、中には、週一回、子づれシングルとサポーターとの交流の機会を設けている。たとえば、自由におしゃべりする会であったり（「関西」、「ウィメンズ」、「福岡」）、お茶会やランチ会を開催したり（「インクル」、「日本シングル」）、手芸などのものづくり講座を開催したり（「福島」、「シンママ」）、あるいは、年に一回、一泊旅行に招待したり（「シンママ」）している。

地域のなかで孤立しがちな子づれシングルと子どもたちにとって、同じ立場の当事者同士の集いは、その場で、必要な情報を得ることができたり、安心して本音で接することができてリフレッシュにつながったりする機会となっている。

当事者のお母さんたちが、……たとえば、ＰＴＡの場なんかで自分がシングルマザーであるってことをなかなか言えないとか、その離婚のしんどさとか、養育費が払われてないとか、そういう話をなかなかできないですよね。「おしゃべり会」の場だからこそ話ができるということで……[2]

（3）同行支援

「シンママ」、「ウィメンズ」、「インクル」のように、同行支援を行なっている団体もある。子づれシングルがひとりで役所に生活保護の申請に行っても、申請用紙を渡してもらえずに帰されることが多いとのことで、そのために同行するという。

生活保護申請の同行は必要な場合は必ずやります。若いお母さんたちに（対して）は、ものすごいことを言うんですよ。役所は。私が付いているのに、ある区役所で、「申請に来ました」って言っているのに、「ご相談ですね」って言うんですよ。「いえ、申請に来たので申請書をくださ い」って言ったら、「ちょっとお待ちください」って言って、次の人が来て、「ご相談ですか」って言うんです。違うって。そんなんなので、私がいなかったら、相談で終わって帰されると思います。

（4）ひとり親のためのセミナー事業

「東京」のように、子づれシングル向けのセミナー開催に力を入れていて、生き方、法律知識、教育費、ライフプラン、エンパワメントについてなど、年間を通じてさまざまなテーマでセミナーを行なっている団体がある。

「関西」のように行政機関からの委託事業として開催している団体もあれば、「日本シングル」のように、独自に当事者のエンパワメントを支援するようなセミナーを開催している団体もある。

「インクル」は、「ひとり親のための保険セミナー」を保護者の要請で実施したり、「家計改善支援セミナー」「教育費セミナー」「こどものおこづかいの使い方セミナー」を行政（県）と一緒に開催したりしている。

（5）就業支援講座

子づれシングルにとって、条件のよい仕事に就くことは生活安定に向けた大きな課題である。しかし、行政機関でも効果的な就業支援は難しく、ましてや、民間団体が就業支援を行なうことは容易ではない。そのような中、独自の就業支援を実施している団体がある。

・「インクル」は、就労希望の子づれシングルに就労支援講座のプログラムを提供し、合わせて、面接に行く際のスーツの貸し出しをしている（子どもの就活用のスーツの提供もしている）。

・「東京」は、ある大手化粧品会社と提携し、子づれシングルにキャリア支援プログラムを提供し、修了者を化粧品会社に推薦し、毎年、正規雇用で採用してもらえているという。

・「福岡」は、福岡市立ひとり親家庭支援センターの指定管理を受託していることもあり、福岡市の就業支援講座と無料職業紹介を行なっている。

・「日本シングル」は、独自のプログラムの受講者に、お金を稼ぐ力を養うという明確な目標のもと就業支援を実施し、修了者を企業に推薦し、年収三〇〇万円以上で雇用してもらうというサポートをしている。

……いい人を紹介すると、この企業はシングルマザーをもっと雇用したいって、お金払ってでも、雇用したいって。これはいいぞと、会社の成長にもなるぞって思ってくれるので、シングルマザーの教育しなきゃって、いうことになっていくわけですよ。なので、企業で必要とされる人になるには？って、私はずうっとやっているんですよ。

(6) 支援者養成講座

「福島」、「東京」、「インクル」、「ウィメンズ」、「シンママ」、「福岡」は、それぞれの地域で、支援者養成講座を行なっている。支援者の裾野が広がることが重要であることは言うまでもない。と同時に、支援団体において、養成講座を修了した人びとに、やりがいを実感できるような活動の機会をどれだけ提供できるかが課題でもある。

・「インクル」は、助成金を得て、ひとり親サポート養成講座を就労支援として実施し、受講生に最低賃金を支払い、修了後に団体の事務員やパーソナルサポーターとして就労してもらっている。その後、この取組みを県が事業化し、委託事業として実施した。

(7) ひとり親家族への情報提供事業

それぞれの団体が、子づれシングルに必要な情報を提供するために、ホームページを立ち上げており、会員向けにニュースを発行したり、冊子を発行したり、あるいは、ＳＮＳで定期的にメルマガを送ったりしている。

「東京」の『教育費サポートブック』、『シングルマザー365日サポートブック』、「静岡」の『プレ・シングルマザー手帖』などは、他府県のひとり親支援団体によっても子づれシングルに広められている。

……自治体からの情報というのは、非常にダサくて、お母さんが子どもを抱きしめている、すごい母性思想満載のような絵だったりとか。働け、働け、みたいな絵だったりとか。働けって言いながら、なんで子どもを抱っこしている絵なんだろうって。いつも思っていましたので。皆さんも、そういうの、イヤなんですね。だから、もう少し身近で、かつ、ちゃんと役に立つ情報が載ることがすごく大事かなと思っています。

(8) 食料品・物資等の提供

ひとり親支援団体では、コロナ禍以前から、地域のフードバンクや「お寺おやつクラブ」[3]の協力によって、余った食材やおやつなどを寄付してもらい、当事者に届ける取組みを行なってきた。コロナ禍になって、生活に困窮した子づれシングルからの相談や食料品や物資を支援してもらえないかという問い合わせが一気に増えたと聞いている。

・コロナ感染が拡大する中で、援助を求める子づれシングルたちの声を受けて、「東京」、「静岡」、「関西」は、食糧支援を始めて、その後も継続的に行なっている。
・「福島」では、ひとり親家族の子どもたちが、震災で避難してきた高齢者と共に農作業を行ない、収穫した野菜や米などは、子どもの居場所で調理して一緒に食べるだけではなく、子どもたちに分けて持ち帰れるようにしている。
・「インクル」では、定期的に開いている子ども食堂を中心に、地域の人びとや学生を巻き込み、地元の企業も巻き込みながら、子づれシングルと子どもたちへの理解者を増やしてきた。年数が経つなかで、かつてDVから逃げてきた母親や成長した子どもたちが、今では支援する側にもなっているという。現在は、ひとり親家族を真ん中にした子ども食堂を共生型にして開催して、地域の相互理解促進を図っており、行政（県）委託の子どもの居場所形成支援事業（子ども食堂のネットワーク）の事務局も務め、ひとり親支援の必要性についても広めている。
・「シンママ」では、生活困難なひとり親家族に、それぞれのニーズを聴くとともに、他方で、支援者から資金調達を行ない、毎月一回、「スペシャルボックス」という名前で、段ボール箱に必要な物資と、代表者の手作りのお菓子も一緒に詰めて送る支援をしている。インタビューをさせていただいた二〇一八年当時は、毎月四五世帯くらいに送っているとのことであったが、現在では二〇〇世帯以上のひとり親家族に送っている。団体では、毎回、スペシャルボックスを受け取ったひとり親家族からのお礼のメッセージを支援者に伝えている。このような橋渡しが、ひとり親家族と支援者との支え合いになっていると解される。支援者も、ひとり親家族からのメッセージによって支えられているのだ。現在支援者（サポーターと呼ぶ）は五四〇人を超える。「福島」「インクル」「シンママ」は、エンパワメント支援の好例と言えるだろう。

3　活動の意義

では、ひとり親支援団体の活動はどのような意義があるのだろうか。「子づれシングルにとっての意義」、「子どもにとっての意義」、「支援者にとっての意義」、そして「社会にとっての意義」があると考えられる。

(1) 子づれシングルにとっての意義

子づれシングルになった人びとのだれもが、身近に援助を期待できる親族や友人がいるとは限らない。中には、親族がいても何ら援助を期待できなかったり、離別や未婚／非婚で出産したことを非難されたりして孤立状態に陥ってしまう人びともいる。だれにも頼ることができない子づれシングルにとって、交流会やおしゃべり会に参加して、同じ立場の子づれシングルと出会い、経験談を聴くことで不安が和らいだり、重要な情報を入手したり、同じ立場の子づれシングル同士で連帯感を実感できたりすることの意義は大きい。だれにも理解されなかった離婚の理由について共感を持って聴いてもらえる、子どもとの不安な生活にアドバイスをもらえる、あるいは、孤立感も和らぐといった効果も期待される。

また、交流会やおしゃべり会で、一時保育があれば、子づれシングルたちは、子どもと離れて、子づれシングルだけの集まりの中で、子どもには聴かせたくないような、たとえば、金銭的な悩みや子育ての困難などについても話すことができて、悩みを共有したりすることができる。子づれシングルにとって、たとえ二時間程度の限られた時間であっても、子どもと安心して離れることができて、養育の責任を分担してもらえることの解放感は大きいに違いない。

子づれシングルが、自分ひとりでは、子どものために実施することが難しいような合宿、旅行、キャンプ、クリスマス会などを支援団体が企画することで、親子で参加して楽しめるだけではなく、親として子どものために一つの役割を果たせたという達成感にも繋がるものと推察される。

役所の手続きに支援者の同行があることにより、行政窓口において代弁してもらって、生活保護の申請などがスムーズに進んだり、また、行政窓口でのハラスメントの歯止めにもなったりする。

子づれシングルが、支援団体の支援活動により、必要な情報を得たり、同じ立場の子づれシングルと繋がったり、就労に向けて学んだりしながら、しかも、自分の意思で判断しながら動くことで、エンパワメントしていくことの意義は大きい。

さらに、支援団体が個々の子づれシングルの声を受け止めて、アドボケーター（代弁者）として、行政機関に要望を出したり、制度改正に向けて社会にアピールしたりといった社会変革の担い手としての役割を果たすことで、間接的に、子づれシングルの権利擁護にもつながる。

（2）子どもにとっての意義

子どもたちが支援団体のイベントに参加することにより、子どもたちもひとり親家族の子どもという同じ立場でわかり合えるきっかけとなったり、親以外の大人にサポートしてもらうことで、孤立感が和らいだり、安心感を得たりといった効果を期待できる。また、イベントに参加することで、同年代の子ども同士が繋がるだけではなく、年上の子どもが小さい子どもたちの世話を進んで行なうなど、異年齢の子ども同士の繋がりができることの意義も大きい。

「福島」では、前述したように、ひとり親家族の子どもたちが、震災で避難してきた高齢者やスタッフと一緒に野菜や米づくりをしている。また、子どもたちのイベントは子どもたちが中心になって企画している。スタッフによると、これらの活動を通して、子どもたちは学年が上がるにつれ、たくましくなり、自立の力を培うことができているという。まさに、子どもたちのエンパワメントになっていると言えるだろう。「インクル」でも、子ども食堂のメニューを子どもたちが決めることがあるという話を伺った。

（3）支援者にとっての意義

子づれシングルを経験した人も、そうでない人も、支援者にとって、子づれシングルや子どもたちの笑顔に触れたり、感謝されたりすることは、なによりの喜びとなり、活動のやり甲斐を実感できるにちがいない。子づれシングルでない人びとの中で、子づれシングルの話を聴くことでひとり親家族に共感したり、自らの抱いていたひとり親家族のイメージや偏見が覆されたりする。ひとり親家族への理解が進むことにより、支援者になる人が増えることが期待される。

支援者にとって、ひとり親家族のおかれている状況が変わらない限り、また、支援のやり甲斐が感じられて、支援活動を辞めるわけにはいかないと思える限り、支援者自身が支援活動に支えられている、とも解することができる。

（4）社会にとっての意義

ひとり親支援団体が開催する支援者養成講座やイベントによって、ひとり親家族の現状への関心が広がり、理解が進むことが期待される。ちなみに、コロナ禍において、ひとり親家族の困窮状態や支援団体の取組みなどがマスコミに取り上げられる機会が増えたからか、私が関わっている支援団体では、いずれも、一般市民や民間企業からの金銭や物品の寄付が大幅に増えたという。

ひとり親支援団体は、生活に困窮しているひとり親家族を支援する活動にとどまらず、時には、彼女たちの代弁者として、制度改革を求めて行政機関に要望したり、社会にアピールしたりといった活動を行なっている。そのような活動は、インクルーシブな社会の実現に向けた突破口を開く役割と言える。ひとり親のエンパワメントを支援する団体もエンパワメントするのだ。

4　支援団体の課題

(1) 資源不足

ここからは、それぞれの団体が直面している課題について整理しよう。

まず、多くの支援団体が直面しているのは、金銭、支援者、時間など、支援に必要な資源が十分でないことである。

支援活動を続けていくためには、ある程度の資金が必要である。たとえスタッフが人件費なしの無償で支援活動を行なっていても、移動のための交通費、連絡を取り合うための通信費、集まりを持つための会場費など、最低限の資金は必要である。NPO法人を立ち上げて事務所を構えるとなると、事務所の家賃、事務機器、通信機器などの購入費と維持費も必要である。ひとり親支援団体の場合、支援の対象であるひとり親家族から高額の会費を徴収するわけにはいかない。そうなると、さまざまな補助金事業に応募して助成金を獲得したり、カンパを呼びかけたりして資金を確保しなければならない。しかし、補助金申請のための書類作成がかなり煩雑で負担であり、たとえ採択されても、補助金事業自体が単年度事業も多く、毎年、同程度の金額を継続的に確保できるわけではない。

支援活動を行なうにしても、大きな金額の補助金事業や委託事業を受託している団体では、複数の専任スタッフを雇用しているが、財源の乏しい団体では、代表者自身が本職の仕事をしながら支援活動をしている。また、専任のスタッフがいても、ほとんど無給で支援活動を行なっている団体もある。

支援活動を行なう場合、支援の対象である子づれシングルの多くが、平日は仕事をしており、また、スタッフも平日は就労している場合が多いことから、支援活動としての会合やイベントは、土日、祝日、あるいは、平日の夜に行なわれることになる。兼業のスタッフにとって、平日の日中は就労して、夜や土日に活動することが続くと、プライベートな生活にしわ寄せがいきかねない。

また、別の問題として、自治体からひとり親支援の委託を受けると、その委託事業をこなすために、団体として、主体的に取り組みたい支援活動が十分に行なえないなどといったしわ寄せもあるという。

(2) 支援者の支援が必要

ひとり親支援団体において、ひとり親支援を担っている人びと、とりわけ、団体の代表者や活動の中心的なスタッフのなかで、自身の仕事と支援団体の役割とでオーバーワークになってしまったり、支援のニーズが多いにもかかわらず、人手が十分でないために、限られた人数だけで支援を行なわなければならなかったり、支援活動の中でさまざまなトラブルが起こったりなどによって、体調を崩す人が出たり、燃え尽きてしまったり、という事例が報告されている。

スタッフが専任になって支援活動を続けるには、人件費を払えるだけの収入が必要であるが、安定した収入を確保することは難しい。この点は大きな課題である。

支援活動の責任者の役割を分担できるスタッフが必要であることは言うまでもないが、責任者が気軽に相談できるスーパーバイザー的な助言者と繋がることができれば、負担感の軽減となりそうだ。

(3) 関連機関とのつながり

子づれシングルを支援するうえで、ひとり親支援団体の支援における限界がある。「静岡」では、ひとり親支援を、静岡市家庭児童相談係、男女共同参画センターと協力して支援しているという。さまざまな他機関と協力関係を築くことができるかどうかという点も支援における課題と言えるだろう。

(4) 女性差別、ひとり親差別の存在

東北のひとり親支援団体において、異口同音に語られたのは、女性差別やひとり親家族に対する差別の実態についてである。日本社会における保守的な旧態依然とした家族観に基づく差別や偏見が支援の妨げになっているという。

田舎のほうに行くと、嫁は奴隷ですから、殴られたくらいで、離婚などわがまま、耐えられないのはわがまま、わがままな女を支援しているとしか思われないのです。

子づれシングルに対する差別や偏見は、一般の人びとだけではなく、政府関係者も例外ではなさそうだ。政府主催のイベントに参加した人は、次のように語っている。

私が紹介されたときに、ひとり親支援の……って呼ばれるかと思ったら、「一度失敗した人でもやり直せる……」っていう言い方をしたんですね。あ、失敗と思っているんだと思って。（中略）国の考え方って、ここなんだなあって。

さらに、ある団体の代表者は「ひとり親に対する就労支援は、女は稼げないのが当たり前という前提でなされており、条件が悪くとも雇ってもらえるだけでありがたいと思うべきかのような対応がされる」と指摘する。

5 「支援機能」からみた課題

(1) ひとり親家族の生活諸課題と支援メニューとの適合性

今度は、第三者の立場から、ひとり親支援団体の果たす「支援機能」に焦点をあてて、課題を列挙したい。

子づれシングルが抱えている生活諸課題は多種多様であり、個々の支援団体の支援活動が、種々の生活諸課題の軽減や解決に寄与しているのかどうかを把握することは容易ではない。その一つの理由は、個々のひとり親支援団体が、支援対象である子づれシングルと子どもたちのニーズ調査や支援についての満足度調査などを継続的に実施しているわけではないからである。また、ひとり親支援団体に何らかのきっかけで関わることになったひとり親家族が、その後、関わりがなくなった場合に、その理由がニーズに合わなかったからなのか、関わり自体には満足であっても関わる余裕がなくなったからなのか、あるいは、ひとり親家族として、抱えていた課題が解決して支援を必要としなくなったからなのか、支援団体が個々のケースについて理由を把握することは難しい。

とはいえ、インタビューをとおして民間の支援団体ならではの支援機能があることを知ることができた。

①行政機関のひとり親支援として十分ではない支援の一つが、メンタル面の支援である。離婚前の不

安、離婚調停中のストレス、離婚や非婚で子づれシングルになる前から経験しうる孤立感など、メンタル面のサポートを期待できる公的な支援が乏しい中で、ひとり親支援団体が担っている相談やグループミーティングがメンタル面での支援になっている。

②行政機関が行なっていない支援として、ひとり親家族同士のネットワーク形成を挙げることができる。個々のひとり親家族は地域の中で孤立しがちであるが、ひとり親支援団体が、イベントの開催や情報発信によって、さまざまな地域で、個々に生活しているひとり親家族をつなぐことで、孤立を防ぎ、安心感を生み出す役割を果たしている。

③個々の自治体は、多種多様なひとり親支援策や利用の仕方をまとめた冊子を用意したり、ホームページで情報発信したりしている。しかし、ひとり親家族に十分に周知されていなかったり、内容がわかりにくかったりといった現状がある。ひとり親支援団体は、ひとり親家族に対して、当事者の立場に立って役立つ情報を発信したり、わかりにくい情報をわかりやすく解説したりする役割を果たしている。行政機関とひとり親家族との橋渡しの役割と言える。

④子づれシングルが困ったことがあって役所の窓口に相談に行っても、丁寧に対応してもらえなかったり、生活保護の申請では申請書類を渡してもらえなかったりするという。このような時に、ひとり親支援団体のスタッフが同行することで、子づれシングルの代弁者となってきちんと要望を伝えることで目的が達成したりすることがある。子づれシングルにとっての代弁者の役割である。

⑤公的なひとり親支援策の中に、「子育て・生活支援」があり、具体的な事業の一つである家事サービス支援事業を地元の母子福祉団体に委託して行なっている自治体もある。また、ひとり親家族の子どもたちのリクリエーションや親子で楽しむイベントなどを民間の支援団体に委託して実施している自治体もある。しかし、ひとり親家族のリクリエーションの多くは、民間の支援団体がもっぱら独自に実施している。

⑥公的なひとり親支援策として、経済的支援があるものの、実際のところ、母子世帯の約半数は貧困状態にある。このような状況のなかで、ひとり親支援団体が、民間企業、民間支援組織、あるいは、個々人から金品の寄付を受けて、それらの金品をひとり親家族に分配する活動をしている。それらの金品によって、ひとり親家族の貧困状態が軽減されるとは言えないが、ひとり親家族にとっては、見捨てられてはいないという心理的な受容感に繋がっているものと解される。

（2）「支援」の課題

それでは、支援のあり方に課題がないかと言えば、そうは言い切れない現実がある。

①ひとり親支援団体がひとり親家族を支援するためには、人手も資金も必要である。また、支援計画を立て、実行できる企画力も必要である。民間の支援団体の中には、厚生労働省や自治体から事業委託を受けて、ひとり親支援を行なっている団体もある。しかし、事業委託が、民間団体による行

政機関の下請けになって、行政の経費節減を支えていることになっていたりする。団体側の問題ではなく、行政側の問題として指摘しておこう。

②ひとり親支援団体としての持続可能性は考慮されているのかどうか、危うさを拭えない。数人のスタッフによる無償のボランティアによって維持されていたり、スタッフが高齢化していて後継者が育っていなかったり、あるいは、団体の運営資金が減少していたりなど、気がかりな団体も見受けられる。しかし、ひとり親支援団体の組織の弱さは、当の支援団体だけの問題ではない。ひとり親家族を支援するという重要な役割を引き受けている支援団体に対する社会的理解と支援の乏しさと無関係ではない。

③今後さらに、ひとり親家族を支援するうえで、企業と連携したり、他の民間団体と連携したり、あるいは、公的機関と対等な協力関係を築いたりすることにより、これまで以上に、当事者ニーズに即した質の高い支援を実現できるかが問われる。

6　近年の動向

最後に、これまで取り上げたひとり親支援団体の支援のあり方とは異なった取組みを紹介したい。

①「日本シングル」は、公的な助成金や事業受託は一切行なわないで、複数の自治体とパートナーシップ協定を締結し、自治体、「日本シングル」、企業のいずれにも益することを目指した連携を行

なっている。具体的には、自治体の就労支援事業と連携し、「日本シングル」独自のプログラムによる就労訓練を修了したひとり親を、自治体と繋がりのある企業の雇用につなげるというものである。さらに、パートナーシップ協定を締結している自治体やその自治体にある企業との連携により、ひとり親の起業支援プログラムを提供する事業をスタートさせている。

②「インクル」、「福島」は、ひとり親支援にとどまらず、東日本大震災の内陸避難者支援を受託してきた。避難者の中にひとり親家族も含まれているが、さまざまな避難者が避難した地域の中で安心して生活できるように地域連携に力を注いできた。

③「インクル」は、他にも、男女共同参画センターの運営を受託することにより、子づれシングルのみならず、ＬＧＢＴの人びとの相談、ＤＶ被害者の支援などもしながら、多様な生き方と多様な家族への理解が広がることを目指している。また、県や市の生活困窮者自立支援事業の自立相談事業、家計改善支援事業、子どもの学習・生活支援事業を受託し、ひとり親支援の視点を持って対応するなど、行政が実施するサービスの受け皿となっている。

④さらに、「インクル」は、コロナ禍において、「コロナに負けるな六つのプログラム」を構築し、ⓐ企業体験型子ども食堂、ⓑフードパントリー、ⓒ受験生応援（中三生学習支援）、ⓓ食べるお仕事応援、ⓔ夜の電話相談（年中無休）、ⓕ年末年始支援「一緒におせち」を実施して、企業からの支援金でコロナ禍において苦戦している地元の飲食業におせち料理を発注し、子ども達が食べて支援

する相互支援のしくみを構築した。

⑤民間企業のなかで、子育て支援やひとり親家族の支援にもつながるビジネスをスタートさせるところが現れている。[4] たとえば、母子世帯向けのシェアハウスが各地にできてきている。なかには、ひとり親家族向けのシェアハウスと職場と保育所を同じ敷地内に作った企業も現れている。[5]

⑥「ウィメンズ」は、阪神淡路大震災後からDV被害女性の支援や居場所づくり、子づれシングルの子どもたちの学習支援などに取り組んできた。二〇二二年度に、三〇周年記念事業として、住宅取得が困難なひとり親家族、若年女性、外国人留学生などに快適な集合住宅として、「六甲ウィメンズハウス」をつくる事業をスタートさせた。

⑦二〇一九年七月に、全国のひとり親支援団体が連携するためにシングルマザーサポート全国協議会が結成された。コロナ禍には、この組織をとおしてひとり親家族の実態調査も実施されている。

掲載許可をいただいた参加団体および、「シンママ」については、巻末の一覧表（表2‐1、二〇〇～二〇三頁）に掲載している。

コロナ禍が続く中、各地のひとり親支援団体には、子づれシングルから支援を求めるメールや電話が続いており、他方、個人や企業からの支援の申し出も結構あると聞く。しかし、支援を必要とするひとり親家族に支援物資を届けるにも、多くの労力を要し、送料などの金銭もかかる。それだけに、ひとり親支援団体への理解と支援がもっと広がり、支援者が増えることを期待したい。

〈注〉

（1）http://www.zenbo.org/outline

（2）本章で引用している語りについては、情報提供者を明示しないことをお断りしておく。

（3）お寺にお供えされるさまざまな「おそなえ」を、仏さまからの「おさがり」として頂戴し、子どもをサポートする支援団体の協力の下、経済的に困難な状況にある家庭へ「おすそわけ」する活動を行なっている。二〇一三年五月二四日に大阪のマンションの一室で母子が餓死状態で発見されるという事件をきっかけに、奈良県内の一寺院からスタートした活動であり、現在では、全国二千近い寺院がネットワークを築いている。

（4）たとえば、株式会社マザープラネット（代表取締役・藪本敦弘）は、二〇一一年に千葉県流山市で病児保育事業をスタートさせ、現在は、流山市、柏市で認可保育園、子育て支援センターも運営している。

（5）千葉県流山市にある株式会社弥平治（代表取締役・加藤久明）は、二〇一六年から一つのビルの一階にクリーニング店と認可保育所を設置し、二階、三階ではひとり親家族向けシェアハウスを営んでいる。

第3章　韓国の民間ひとり親家族支援団体の取組み

ソン・ジョンヒョン、キム・ヒジュ、チャン・ヨンジン
訳＝梁京姫

1　支援団体の現状

(1) 女性問題の総合ギフトセット

本章は、ひとり親家族を支援する民間団体が設立された背景と活動状況を紹介し、現在直面している課題と彼女たちがどう解決しようとしているかを、インタビュー調査を通して探る。また、多様なタイプのひとり親が増えているが、生活の質は改善されていない状況で、今後、民間のひとり親家族支援団体が進むべき方向を提案したい。

一九六一年、韓国政府は生活保護法（생활보호법）を制定して、朝鮮戦争により急増し約五〇万人

に達すると推計された「戦争未亡人」の家族に対する福祉対策を選別的に設けた。しかし、その対象と範囲は微々たるものであり、ひとり親家族を支援しなければならないという理由について議論すら行なわれなかった。

その後、社会・経済的な環境や意識が変化して、主に離婚、遺棄、別居など多様な理由で配偶者のいない女性が増加するにつれて、家族の生活安定と福祉増進のための法的根拠の必要性から母子福祉法（모자복지법）が制定された。さらに一九九七年の経済危機によって離婚が急増し、父子家族が増加すると、彼らを支援対象に加えるために、二〇〇二年、母子福祉法は母・父子福祉法（모・부자복지법）に改正された。二〇〇〇年代以降、家族の多様性に関する議論が高まったが、現実にはひとり親家族に対する否定的な認識と差別が蔓延していた。これを解消するために、ひとり親家族支援法（二〇〇七年。한부모가족 지원법）に改正され、今日に至っている。

このような変化の背景には、経済危機による人口学的・社会的な変化と、ひとり親家族が直面している現実を見過ごせないとして、民間団体が担った重要な役割があった。経済危機によって離婚のひとり親家族が急増すると、当時、前例のない「家族危機　対　家族変化」の論議が提起され、民間のひとり親家族支援団体も発足することになった。当時、儒教的観念にもとづいたステレオタイプな核家族イデオロギーが確固たるものであったため、離婚によってひとり親となった女性は、正常な核家族の枠組みを解体させた「気性の激しい女」であり、「不道徳な女性」とみなされた。さらに、正常な家族、良妻賢母、核家族などの用語が当然と思われる状況であったため、ひとり親家族を「欠損家族」「非正常」と呼ぶことが問題視されなかった。そのため、専業主婦から、一人で経済活動もして仕事と家庭を両立する者へと、その地位と役割を変えたひとり親当事者は、社会の否定的な認識と深刻な差別、そして経済的貧困と低い社会的地位という苦痛を経験することとなった。

このような状況は、当時、主に労働環境における性差別と不平等に重点を置いていた女性運動団体の関心を惹《ひ》くこととなった。これまで改善しようと努力してきた性差別と不平等の問題が、ひとり親において深刻化しており、また、生活を円滑に送れないほど影響が出ていることが確認され、女性運動団体がひとり親を支援する会や団体を作り始めた。女性民友会、ひとり親センター、韓国女性労働者会などが母団体となった。当時、ひとり親家族の問題は「女性問題の総合ギフトセット」と評されるほど深刻であり、これが、民間団体がひとり親家族の支援活動をするきっかけになったと言えよう。

一方、今日では、ひとり親家族になる理由は、離婚がほとんどであるが、婚外出産による比率も少しずつ増加している。離婚の場合、熟年離婚が増加する傾向にあるが、婚外出産の場合は一〇代の低年齢から三〇代、四〇代の高年齢に至るまで年齢の範囲が広がっており、ひとり親家族の中でも人生経験の差とニーズの多様性が広がっている。民間ひとり親家族支援団体でも、今は、情緒的サポートを提供する自助グループのレベルを超え、ひとり親当事者が中心となって、家族権（家族構成員が健康・福祉・職業などを維持するために十分な生活水準を保持する権利）、労働権、生活の質に対する権利などを擁護し、組織化するという運動方針を掲げた組織へと変化し始め、関連法の改正を通じて団体への公的支援を正当化するレベルに達している。長い間、ひとり親家族の困難が膠着《こうちゃく》していて改善されないばかりか、階層間の不平等がさらに深まり、社会全体のリスク化によって社会的資本の蓄積が困難になることなども加わっている。しかし、民間団体ではこれらの問題点を克服し対処するための活動も以前より活発になっている。

(2) 公的な支援団体

韓国においてひとり親家族を支援する団体・機関は、運営方式によって、公的支援団体・機関と、民間支援団体に分けることができる。このうち、公的支援団体には女性家族部が設置・運営している家族支援センターと、一部の地方自治体が運営しているひとり親家族支援センターがある。前者のセンターは一般家庭を対象に家族サービスを提供する機関として、二〇二二年七月現在、全国に二二五カ所ある。以前には多文化家族を対象にサービスを提供する多文化家族支援センターと、健康家庭支援センターが別個に運営されていたが、家族支援センターに統合された。家族支援センターでは、ぜい弱者層家族のためのサービスの一部をひとり親家族支援として提供している。(1)

一部の地方自治体は、それとは別にひとり親家族のための支援センターを運営している。ソウル特別市が運営するソウル特別市ひとり親家族支援センターがその代表的なもので、慶尚南道《キョンサンナムド》の支援を受ける慶尚南道ひとり親家族支援センターと二カ所である。なお、全国には、他にひとり親家族支援センターとして運営しているところはあるが、名称に地域名を付けているだけで（たとえば仁川《インチョン》ひとり親家族支援センター、釜山《プサン》未婚母・父子支援センターなど）、公的な支援を受けていない民間の非営利団体である。

未婚母家族については、未婚母・父の経済的な負担と社会的偏見などで、中絶、遺棄、あるいは養子縁組をするケースが多く、彼女らが安定した状態で子どもを出産して養育できるように支援するため、女性家族部が事業遂行組織を選定して、未婚母・父子支援機関としての運営を委託している。二〇二二年七月現在、全国の市・道（行政単位）別に一カ所ずつ（ソウル特別市は二カ所）で未婚母・父子支援機関が選定され運営されている。相談のキャリアをもつ専門担当者一名が必ず配置され、事業費や運営費の支援も受けて、心理的支援のための相談、出産及び子育て支援、親子関係の確認検査費の支援、教育文化体験プログラム運営の支援、自助グループの支援を行なう。

(3) 民間の支援団体

民間支援団体は、未婚母を含め、ひとり親家族全体を支援する団体と、未婚母家族を主な支援対象とする団体に区分することができる。

まず、ひとり親家族を支援する代表的な団体として、韓国ひとり親連合（한국한부모연합。以下、「連

合）がある。連合は全国一〇の都市にあるひとり親関連団体を会員団体とし、これらの団体が主導的に組織、政策、教育の領域で関連事業を実施している。事業の具体的な内容は、自立支援、健診、学習支援など当事者への支援事業と、全国のひとり親当事者の組織化および自助グループの支援事業、ひとり親家族政策および法律の改善運動、反偏見事業、現場の活動家のエンパワメントおよび教育事業、当事者団体および女性団体との連帯事業などである。連合の会員団体のうち最も古い歴史をもっている釜山ひとり親家族センターは、一九九八年、釜山地域に居住するひとり親の女性たちが自ら組織し設立した団体として、ひとり親と未婚母家族の相談とケース管理、エンパワメントのための教育、就業・起業支援、自助グループ、権益保護、および社会の認識改善活動、全国ひとり親・未婚母支援団体とのネットワークなどの事業を行なっている[2]。

未婚母家族を対象とする民間支援団体のうち、代表的な団体には韓国未婚母支援ネットワーク（한국미혼모지원네트워크）と韓国未婚母家族協会（한국미혼모가족협회）がある。まず、韓国未婚母支援ネットワークは、二〇〇七年に米国人のリチャード・ボアス博士（Richard Boas）によって設立され、二〇一二年に社団法人になった後、子どもを養育する未婚母の権益擁護と差別撤廃のために活動している。当時は、未婚母に対する韓国社会の認識が否定的で、韓国では未婚母が子どもを養育することが認められなかった時期であった。韓国未婚母支援ネットワークは未婚母が自ら子どもを養育することができるように、未婚母家族の自立支援、養育する未婚母に対する社会的認識改善のためのマスメ

ディア活動、未婚母のフォーラムおよび政策への対応、未婚母家族支援のための多様なネットワーク構築などの事業を行なってきた(3)。

韓国未婚母家族協会は、二〇〇九年に未婚母の当事者たちによって設立された団体で、これまで未婚母当事者のエンパワメントおよび組織の強化、未婚母に対する差別および認識の改善、未婚母家族に対する社会的支援の拡大をめざして活動してきた。協会の組織は、理事会と代表を中心に、事業・支援・相談・会計の四チームを構成し、心理的な治療、相談、親教育、キャンプなどのプログラムを運営して、危機的状況に置かれている未婚母たちのために緊急に居住できる場を用意して、自ら養育することを決めた後に安定した住居のない未婚母が居住できる住居支援事業を実施している(4)。

最近、ひとり親家族の子どもの養育費履行を求める当事者団体が作られた。養育費の履行を促すひとり親の集まりとして「ヤンヘモ」(양해모)と「ヤンヘヨン」(양해연)を挙げることができるが、このうちヤンヘヨンはヤンヘモから分離して新しく作られた団体である。両団体とも、子どもの養育費の履行を促そうとする、ひとり親を対象とする全国単位の集まりである。会員は約二千人程度であるが、実際に積極的に活動する人は、約一〇分の一の二〇〇人ぐらいである。両団体は養育費の不履行を児童に対する権利侵害と判断し、討論会を開催したり、写真展示会を開いたりするなど積極的な活動を展開している。しかし、争点や戦略について既存の団体との違いが大きく、ひとくちに未婚ひとり親団体といえども見解の相違がある。

ひとり親・未婚母家族の支援団体は、ひとり親と未婚母に対する社会的差別と排除の中で、政府の支援が不十分な時に結成された団体であり、当事者の心理的・社会的問題のための支援と社会的認識の改善を通じて、ひとり親・未婚母家族のための制度的支援ができるように擁護活動を活発に行なってきたという共通点をもっている。しかし、今日では民間団体はさらなる拡大や活性化はできない状況にある。次節では、インタビュー調査にもとづき、民間団体の現状とそれぞれが目指している方向性などについて解説する。

2　一〇団体の調査から

(1) インタビュー調査への参加団体の特性

ソウルをはじめ京畿道《キョンギド》、大田《テジョン》などの都市部にある計一〇カ所の民間ひとり親支援団体のリーダーたちに、二〇一八年にインタビュー、二〇二二年にデータの更新を行なった。調査に参加した一〇団体は、ひとり親当事者によって組織された場合と、そうでない場合に分かれる。前者は、ひとり親になってから自助グループを形成し、福祉と人権関連の問題に多くの関心を持ち、ひとり親を擁護して政策開発などの活動を行なってきた。後者は、ひとり親を支援する団体の活動家としてひとり親関連の事業をしたり、あるいは直接支援したりする活動をしている。団体の状況を要約すると(表3―1)、IとJを除いた団体は、大半が経済危機以降、ひとり親支援活動を開始しており、二～五人の常勤者を置いている。会員数は約一〇〇人で、彼らを対象に相談と教育を通じたエンパワメント活動のほかに、各種福祉支援、および後援の発掘と社会的資源を連携する活動を行なっている。過去とは違って、ほとんどの団体がSNSやネット・カフェなどを通じて広報し、またマスコミによるインタビュー、討論会、フォーラム、懇談会等を通して政策課題と改善策を提案している。団体はいずれも民間団体であるため、政府からの補助金はほとんどなく、会員の会費と後援金で運営している。

（2）設立の背景

団体がひとり親を支援する事業を始めるようになったきっかけは、大きく三つの類型に分けられる。

第一は、支援団体を設立した当事者が、直接、未婚母の子どもを自分の養子にする過程で、韓国の未婚母たちが直面している現実を知るようになった。「あの厳しい時期（子どもを養子縁組に出さねばならない時）に、少しでも支援してあげれば親子が離れ離れにならずにお母さんたちが育てられるのではないか」（D）というような気持ちから、個人的に支援し始め、その数年後、団体を結成するようになったケースである（A、D）。

第二は、経済危機以降に増加したひとり親たちの状況から、貧困と労働、そして性差別等の問題が提起され、これまで女性の貧困と労働問題に関心を持ってきた団体がひとり親を支援するようになったケースである（B、C、F）。結婚上の地位に関わりなく、社会問題としての貧困、ジェンダー、労働などの問題に対する人権運動を行なってきた団体として、貧困と労働における性差別問題に、家族類型による差別が加えられたひとり親たちに出会い、エンパワメントの方策を模索し、組織化してひとり親支援団体へと繋がった。

第三に、前記の団体によって構成された自助グループの構成員で、サービス利用者であった当事者たちが自ら団体を設立したケースがある（E、G、H）。元の団体の自助グループの会合で情報と情緒的サポートを経験したひとり親たちが、機関の政策変更によって解体される危機に置かれたり、あるいは元の団体のビジョン（方向性）やアイデンティティと異なったりしたため、存立の問題に直面す

	広報方法	財源
	マスコミインタビュー、フォーラム	後援金、企業後援
	ホームページ、報道資料、コラム、SNSなど	会費、寄附金、その他
	母団体の広報誌に情報を掲載、同会はマスメディア活用	指定/非指定後援金、指定事業など
	ホームページ、SNS、ブログ、ネット・カフェ	後援金 後援物品
	ネット・カフェ	会費
	ブログ中心（2018年2月から本格的に広報開始）	会費、寄附金、 賛助金、その他
	SNS、ホームページ、ネット・カフェ、定期的電話連絡	会費、寄附金
	機関のホームページ、ネット・カフェ、SNS	会費、寄付金
	機関のホームページ、社会保障情報院、言論報道	企業後援金、個人後援金
	ホームページ掲示、関連機関広報、マスメディア年中報道、季刊誌発刊	国庫補助金、後援金、事業受益、その他

（作成：ソン・ジョンヒョンほか）

表 3-1　本調査に参加したひとり親家族支援団体

団体	利用者	常勤数（人）	会員数（人）	開始時期（年）	活動
A	未婚母	3.5	300	2004	相談、教育、ネットワーク
B	ひとり親	2	1,500	2004	教育及びエンパワメント、相談、自助グループ運営、経済的自立事業
C	ひとり親	5前後	母団体の会員と区分が困難	経済危機以降	自助グループ月1回、相談、エンパワメント・プログラム、文化プログラムなど
D	未婚母	3	200	2010	未婚母の一時保護、緊急支援、生計 / 医療 / 住居支援 / 就業連携 / 相談など
E	ひとり親	0	80	2010	月1会の会合、公募事業の行事、全国単位行事参加
F	ひとり親	0	110	2012	整理、収納、事業、ひとり親家族や申し込み家族を訪問
G	ひとり親	2	50	1993	エンパワメント、教育、政策擁護活動、自助グループ、子ども制服費支援、健康検診／歯科診療支援
H	未婚母	4	20,400	2010	ヒューマンライブラリ・キャンペーン、当事者のエンパワメント、職業教育、家族キャンプ、憩いの場運営
I	未婚母		2,000（世帯）	2015	養育費、物品支援、教育、児童教育費支援、子どもの初誕生日パーティ支援
J	未婚母	多数	210（未婚の子育て母のみ）	1972	未婚の子育て母の支援事業をはじめ、多数の福祉事業を進行

ることになり、当事者たちが自助グループを続けていくことを決め、自ら団体を組織した。これらの団体は、当初は情緒的サポートをするために集まる程度のレベルに留まっていた。「何人かのメンバーが私たちだけでやってみようと言って、あるお母さんの家で集まり始めました。その後……何か立ち上げてみようと言って」、「無料で助けてくれる人を探して、組織教育とかも受けて」（F）と、完全な組織として生まれ変わるまでに、人的、物的な限界と障害を多く経験してきた。その過程で、わずかながら、関連団体と専門家とのネットワークと支援があったという。

(3) ひとり親支援の活動

ひとり親家族を支援する団体のビジョンとアイデンティティは、最初は、ひとり親家族が直面している苦しい生活の現実を改善することに重点を置いた。これは福祉レベルの支援だったと言えるが、これには心理・情緒的な相談と情報提供、そして経済的支援、住居支援、法律支援などが含まれる。

①心理・情緒的な支援

心理・情緒的レベルでは、離婚と婚外出産によってひとり親家族になってから経験する否定的認識と差別、育児の負担による罪悪感などを解消するために情緒的サポートと相談が行なわれた。自助グループを通じて同じ悩みに同情する経験を共有し、情緒的に支え、性別と家族類型による不平等を認知し、エンパワメントし、さらに不平等と差別に対抗するフェミニズム的相談へと進展する結果を生み出した。「自分や子どもの自尊感情を高めることとか相談など、といった全般的なプログラムに活動の中心を置いて、たくさんやって」(G)。しかし、生計と養育を一人で担うため、長時間にわたって働かなければならないひとり親たちが自助グループを継続して維持するには、多くの困難があった。

②経済的支援

各支援団体は、ひとり親が最も苦しんでいる生活を改善するため、初期には生計費と養育費の支援に力を入れた。その後、徐々に住居支援に集中してきた。「チムチルバン(韓国式サウナ)、モーテルなど、こんなところにいる……地下部屋の家賃が滞っていると連絡するお母さんには家賃を支援して、緊急だといわれると、おかずを作って持って訪ねて。本当に……冬なのに公共料金も滞り、全部止められて、電気もガスも止められ……冷蔵庫を開けてみたら食べ物もなくて……公共料金を払ってあげて、家賃も払ってあげて……」(D)。ひとり親という理由で住居を借りることも難しく、また長時間働いても住居費の負担のために貧困から脱することや自立が難しい当事者の経験と現実が明らかになって、住居の安定が何より緊急であるという共感が形成され、関連機関との連携を通じて支援を拡大していった。

③死角地帯の発掘と緊急支援

これとともに、各団体はアイデンティティとビジョンの如何を問わず、死角地帯に置かれているひとり親家族のために緊急支援を行なってきた。国民基礎生活保障法(국민기초생활보장법。一九九九年)

の扶養義務者の要件を満たしていない者、所得上限ライン、親に連絡することができない状況、住民登録が抹消された者、精神障害などで生活維持が困難な場合、出産後に病院費用や産後の養生をするところがない場合などがこれに当たる。

「私たちは出産も手伝います。……住んでいる地域の病院に通っても医療費を支援してあげると言って。……子どもには制服代とか、小遣いとかも支援したりして。私たちの方で支援機関と繋げて健診や歯科検診の支援をして」（D）。支援団体は、ひとり親だけでなく、その子どもまでが貧困と差別、危機的状況に置かれることを懸念し、積極的にサービスを発掘し、連携する方式で緊急支援を行なってきた。

支援団体は、突然に経済的地位が変化して、信用不良や破産など経済的な困難に直面しているひとり親、住民登録が抹消され、養育費履行の訴訟などの法的問題による提訴などで困難を強いられる未婚母、また子どもの出生届で困難を抱えている未婚母などのために法律専門家と連携して法律支援を行なってきた。「住民登録が抹消されたママたちが多かったのです。また、未婚父からも連絡が来ます。出生届をまだ出してないという場合もあるし」（D）。支援団体は、彼女らが経済活動をするには、何よりも法的問題が先に解決されなければならないと判断し、無料で法的な申し立てを行なってくれる人権弁護士と連携して法的支援を行なってきた。

④社会的な認識改善と支援のための広報

マスメディアの活用

支援団体は、団体活動に関する情報をひとり親たちに提供し、また、ひとり親家族に対する否定的な認識を改善する活動を展開し、ひとり親たちの生活の質を改善することに重点を置いている。そのため、各団体はメディアへのインタビューにフルに応じたり、SNSの活用、ブログ、ネット・カフェなど様々な媒体を活用したりしてきた。その目的は二つに要約できる。まず一つは、長時間働き、週末や休日にも休めないひとり親たちに情報を提供し、動向を把握できるようにするためである。これは、たとえ生計のために自主グループの会合や団体活動に参加できなくても、広報を通じて情報や資源に接することができるようにして、所属感を保つことに役立つからである。もう一つは、メディアを通じて社会的な認識改善を図るため、記者や政策担当者、研究者などを対象に世論に影響を与える記事の掲載、フォーラムの開催、フェイスブックの活用などを行なっている。

口コミが広がる

支援団体は費用と管理が難しいためホームページを構築することができず、簡単なネット・カフェやブログを活用したり、自治体のホームページの公報欄、社会保障情報院の公報欄などを活用したりして団体の事業を広報している。「私たちも本当に不思議だと思いますが、私たちにはマーケッターもいないし、広報や、そんなこともどのようにするのかもわからないです。しかし……隣人が、私のブログを見て、みかんを送ってくれたのです。うちの団体を知っているお母さんたちは、心を込めて温かくしてくれます」(D)。これとともに、自分たちが知っているひとり親を通じて他の支援団体について聞いたり、インターネットを通じて見つけた団体に加入したりするという。

支援団体が主にインターネットやSNSを活用するのには、ひとり親たちの年齢が低くなったことも影響している。かつては、ひとり親といえば、死別した中高年女性が大半だった。しかし今は、離婚と婚外出産が最も多く、その大半が若い年齢層であるため、メディアへのアクセスが容易で、頻繁になっている。したがって、団体はネイバー(네이버)やタウム(다음)などのインターネットサイトを通じて、支援団体の存在を知らせ、また認識改善を図る努力をしてきた。

(4) 団体の維持と持続的成長の難しさ

①否定的認識によって活動が制約される

支援団体はさまざまな障害と限界を経験してきたが、現在も同様である。支援者が活動する過程で難しいことの一つは、何よりも、ひとり親に対する否定的な認識である。家族に対する固定観念や偏見から団体の活動も制約を受けるが、支援者たちは、それこそが団体の解決すべき課題であり目標であると認識している。

否定的な意味が込められている「ひとり親(ひとり父母、한부모)」や「未婚母」という用語を変えようという意見も出されている。しかし、これに対する見解は団体あるいは当事者によって異なる。

ひとり親たちは未婚母という言葉が含んでいる結婚制度をめぐる問題を認識し、言葉を変えるべきだし、彼らも同じくひとり親なので「ひとり親」という言葉に統一する必要があると主張する。しかし、当事者である未婚母たちは、「用語を直しても現実が変わらなければ意味がない」（A）と、その用語が持つ「不足し十分でない」という意味を維持し、認識改善の重要性と必要性を浮き彫りにするという見解を示している。このように様々な意見はあるが、重要なのは社会の認識改善を通じて差別的な態度と固定観念を改善することであるといえる。

②予算と人材不足で組織を維持するのが難しい

支援団体のほとんどは、事務所さえ用意できないほどの少ない資産でスタートした小規模の非営利団体である。賃貸料も払えず、会員の家で会合を開いたりもしてきた。また長い歴史を持っているにもかかわらず、ひとり親に対する否定的認識から非営利団体への後援や募金集めが難しかったため、成長が鈍い傾向があった。ほとんどはひとり親当事者が会員になって、会費を払い、知人や家族が理事として登録して運営費を支援しており、団体として登録した場合は政府事業に応募して事業やプロジェクトを推進してきた。

支援団体のほとんどは運営やネットワーク業務を担当する人材が不足しており、ひとり親当事者が個人的な献身とボランティアで組織の仕事を担っている。そのため、組織を運営するうえで不安定さと発展の限界が内在しており、長期的には組織の成長を阻害する可能性がある。ひとり親当事者たちは家族に対する責任を負わねばならず、子どもの養育と教育のために長時間働きながら休みもろくに取れない暮らしをしているため、組織活動に深く関わることは難しいのが実情である。団体の活動に参加するとしても、実際に活動を続けるのは難しい。

たとえばDは、家族が一緒に団体を率いている。人材の採用ができない状況で、配偶者が運営業務や地域業務を担当している。Eも、組織活動家たちが団体の共同代表を歴任している。この点については、活動家たちがひとり親であるため、生計のために他の経済活動をしなければならず、全面的に団体活動に専念することができないので、代表を共同にして役割を分担し、組織を維持しようとしたものと解釈できる。また、拠点がソウルにはない団体の場合、共同代表をおくことには、「すべての政策が中央からくるのだから、ソウルの方に、誰か一人が拠点を置いていなければなりません」(E)という理由もある。

人材問題は、組織運営の困難と直結している。まず、無認可団体の場合、役所と関連した運営業務の処理の過程で団体そのものについて理解させねばならない難しさとともに、処理過程にかかる時間が長いという問題があった。「公務員の担当者たちは聞いていないんですよ。耳が塞がっているので」(J)。当事者たちのニーズと経験を一番よく知っているにもかかわらず、人材と財政的な限界のため、事業やプロジェクトを運営するのにも困難が大きい。

非営利団体として登録していない団体は、登録を通じて事業の安定性を図ろうとしてきた。しかし、法的基準が強化され、団体登録の手続きや審査過程が複雑で、登録が完了するまで持ちこたえられず解散したケースも見られた。

③団体のアイデンティティをめぐる葛藤と、曖昧なビジョンでジレンマに直面する

支援団体が最も悩む問題は、団体としてのアイデンティティとビジョンに関するところである。女性運動団体から、ひとり親たちが経験する貧困と労働に対する問題認識をもって発足した団体は、そのビジョンを維持していくべきという課題はあるが、現実にはほとんど部分的な支援に偏っている。ひとり親という対象そのものが女性運動の対象であり、主体であるが、経済的な困難が大きく、生計費、教育費、養育費などの問題に重点を置いて活動してきた。このような歴史と、生活の質の改善に努力してきた団体の活動が、結果的に権利向上というアイデンティティとビジョンの推進を不明確にしてしまっている。これを当初の方針に戻すよう会員たちを説得することも簡単ではない。「懇談会をするたびに……低所得者のひとり親に限られている方向性の幅をもっと広げなければならないのかどうか……しかし、いつもそこで議論が終わりました」(J)。

支援団体の悩みは、他の団体との差違が明確でないという自己評価にも現れている。女性団体として、政策の変化や権利擁護のための運動であることに敏感であり続けるべきであるが、家族の福祉領域も包括しなければならないという特性のため活動範囲が非常に広くなり、それによって女性団体としての志向を正しく持っているのかという疑問と、内部での苦悶《くもん》、葛藤が深まっている。「連帯して

活動しながらいつもぶつかるのは、女性運動と混在しているところです。……運動しながらエンパワメントとか、何とかしながらここまで来ましたが、やればやるほどますます範囲が広くなって……」（F）。このような問題は、女性団体を母団体とする場合に、多く経験していることが明らかになった。

ひとり親家族が直面している現実と、権利の問題が山積しているにもかかわらず改善されないことについて、インタビュー調査への参加者たちは、対象と問題点があまりにも広範囲であるため、ひとり親家族が困難な状況に置かれているのは当然だという認識があって、女性団体の内部でも関心が後回しになっているからだと話した。また、ひとり親の問題は、ひとり親が家族の一員で家長でもあるために、家族福祉と切り離して考えられない状況であることから、福祉の問題にされてしまい、これがまた劣悪な福祉の死角地帯の問題の積み重なりとなって、政策と認識の変化を難しくするのである。このような悪循環は、結局、当事者に排除と疎外の経験を強いることになる。

支援団体が経験するこのようなアイデンティティの問題は、関連団体との連帯でも限界として現れた。特に、未婚母の支援団体とひとり親の支援団体は、ひとり親家族支援法の枠内にあるにもかかわらず、立場を異にしている。ひとり親という共通性を強調するひとり親団体とは違って、未婚母の団体は婚姻上の地位による経験によって、差違があることを強調する。このような意見の相違は、連帯の困難と葛藤として現れている。

④支援することにがんじがらめにされて争点の問題化が難しい

支援団体がアイデンティティのジレンマを経験し、連帯における限界を経験する理由の一つは、ひとり親たちが直面している現実と無関係ではない。ひとり親は生計だけでなく、子どもの養育や教育の困難が大きいため、ひとり親としてのエンパワメントや主体性の強化よりは福祉支援にがんじがらめにされる場合が多い。こうした傾向は、支援がある場合は集まりに参加して、そうでない場合は参加しないという、結局、当事者と組織の成長を遅らせる結果を生むものと認識されている。

ひとり親たちが、エンパワメントや主体性の強化ができない理由は、当事者たちの生活が苦しくて辛いからである。その日その日のやりくりをしながら暮らさなければならないため、彼女たちにとって女性問題、差別、平等などの論議は耳に入らない非現実的な問題である。ひとり親たちの立場では、本人たちが直面している現実から逃れるためには、今すぐ必要な、より多くの支援が必要であり、これを満たせるときだけ時間的に許されるから、そうでなければ自助グループも活性化できないということがインタビューで明らかになった。これについて、女性問題や人権問題の活動家たちは、このようなひとり親たちの状況を理解して共感しながらも、ひとり親たちが恩恵や支援を受ける者としての役割と地位にとどまるという問題が長期化する中で、団体の果たす役割に対するジレンマを経験していた。「自分の暮らしが苦しいお母さんたちには、女性運動とか、人権問題とかの社会的な問題の話は聞こえないのです」(C)。

ひとり親たちの現実は、ひとり親の人権と生き方の質という争点の違いを社会的に表面化させ、そのことが、政策を改善する活動を展開していく上でも障害となっている。争点に沿って組織化し、権利を主張することはもとより、争点である問題の重要性について、合意形成に導くことも難しい。目の前の問題に無力な状況に置かれているひとり親たちが、エンパワメントして、その力を活用して権利を回復できるような循環的活動を持続させるのは難しいのである。

このような団体の現実は、組織の運動性と持続可能性において懸念となっている。当事者たちが活動家に成長し、また団体のリーダーとして成長していくことが望まれるが、支援団体に対する社会的視点だけでなく、各団体が相互に連携できず、それぞれの団体が支援に依存する傾向が高く、組織の成長や拡張が非常に難しい状況に置かれている。

(5) 団体が直面している困難への対応

①団体間の連帯と事業拡大を模索する

支援団体は個々にひとり親を支援しているが、ひとり親がエンパワメントしていくには力不足なのが現実である。そこで、関連団体間の連帯を通して資源を共有したり、連携したりして、ひとり親当事者に生計費、住居費、医療費、養育費などを支援し、また、ひとり親家族の権利向上のための活動を拡大している。

団体間の連帯が光を放つときは、政策と法制度関連の争点がある時である。養子縁組特例法（二〇

一二年。입양특례법)、ひとり親家族支援法の改正、養育費履行の強化（二〇〇九年。家族法〔가족법〕改正）など、ひとり親当事者の権利と直接的に関連した問題を発掘し、関連団体が政策フォーラムやキャンペーン、法制度の改善策討論会などを共に開催し、一緒に集まることで、改めて支援団体である以前に女性団体というアイデンティティを確認し、一つになる経験を繰り返してきた。「私たちが少しずつ力を合わせて連帯する活動が必要な時は一緒にやるのです。団体も結局は運動団体なのです。……福祉団体ではありません」（G）。

支援団体は、共通の問題について団体間の連携を図りながら、もう一方では、財源確保のために協同組合を作ったり、あるいは教育や訓練事業に関心を示したりしている。たとえば、Fは清掃と整理収納協働組合を通じて、当事者が関連の技術を習得できるよう訓練し、その課程を履修した人には有料サービスの提供者になることを勧める方式で、個人的、組織的ニーズを満たしていく努力をしている。

②特化事業を模索する

ひとり親は継続的に増加しているが、否定的な認識と差別は改善されていないため、支援団体として、これからは社会的な声を発する構造やシステムを構築しなければならないというビジョンを立ててきた。たとえ、多くのメンバーが参加できず、長い時間がかかるとしても、団体がエンパワメントし、ネットワークを強化し、リーダーシップを育み、また、多様な家族類型の特性を有した当事者性を反映した相談所を法制化するなど、組織を活性化するビジョンを打ち出してきた。それぞれの団体がひとり親を支援しながらも、特化した領域を開発し、専門性を強化する方策をも模索している。

③財源確保の多角化を模索する

支援団体は、以前よりも会員数が増加して、組織を維持できる状態となり、財源の確保を踏まえて組織を活性化する方策を模索している。これまで、女性団体としてのアイデンティティ維持のために、ひとり親のプロジェクト事業を行なわなかった団体も、企業や政府から事業を受注したり、非営利団体（社団法人など）の登録をしたりするなど、資格条件を満たす努力をし始めた。これは、現実の非営利団体が言葉通りの純粋な非営利団体ではなく、当事者のための利益を求めねばならないため、ひとり親の生き方の変化に応じた現実的で効果的な寄与ができる方策として、運動体であることを維持しようとする、より積極的な戦略を選んだものと解釈できる。

3　まとめと提案

ひとり親家族支援団体のほとんどは都市部に位置している。それは、社会・経済的困難に直面したひとり親たちが仕事を探すために都市部に移住し、当時、主に女性の労働権に着目していた女性運動団体がひとり親の暮らしを知るようになり、ひとり親自助グループや団体設立を支援したものと理解できる。初期の支援団体は、当事者の心理的・情緒的なサポートだけでなく、ひとり親たちの労働と貧困の問題に多くの関心を持っていた。

しかし、ひとり親の問題はひとり親家族の問題でもあり、生計の問題だけでなく子育てや教育のための福祉的アプローチが非常に重要であり、団体の設立趣旨や活動とは異なり、福祉や支援に偏る傾向を見せた。内部的には多くの議論はあったが、その結果として「違いによる分離」を経て、ひとり親家族のグループが形成され始めて今日に至っている。

自助グループとして出発した団体であれ、あるいは女性団体の付属プログラムから出発して団体を設立したケースであれ、すべての支援団体は、韓国社会においてひとり親が直面してきた性差別、人権、不平等、労働、雇用、子育てなど、関連した多くの争点のため、女性の人権と不平等の問題に深い関心を持ってきた。しかし、その反面、ひとり親がもつ「女性＋権利＋貧困」という問題の重複性のため、ひとり親の問題について家族福祉を含む家族権の問題としてアプローチすべきか、ひとり親の大半が低所得の貧困女性であることから、伝統的なアプローチである貧困女性の問題として福祉レベルでアプローチすべきか、あるいは彼女らのほとんどが非正規職の低賃金の職種に従事していることから、労働権問題としてアプローチすべきかという、団体のビジョンやアイデンティティの面での葛藤を経験してきた。

また、ひとり親の問題に対する否定的認識による民間団体の活動の制約と、人材と資源不足による当事者の活動の持続可能性と、団体の存続問題を経験してきた。このような問題は、支援団体が目指してきた変化、および認識と政策の改善よりも福祉支援に偏る傾向と関連している。現時点まで、初期の団体リーダーたちが個人的な時間と空間、資源を犠牲にして団体を維持してきた。しかし、これ以上、人材と財政的な充当が難しい。そのような中で、支援団体は人員を充当するためにプロジェクト事業を行なったり、団体間の連帯を強化したり、認識改善や「ひとり親家族の日」といった事業に連帯して相乗効果を出すよう努力しており、団体間の役割と機能における重複と共通性を見直し、ひとり親関連の争点と政策改善の問題に対する専門性を育て、特化していく方向性を模索している。

このような努力をするのは、自分たちが少数であっても、支援団体を通じて心理・社会的にエンパワメントする会員たちと、未婚母を含めたひとり親集団の多様化と増加などを考慮すると、団体の持続可能性を確保することが非常に重要だからである。そのため、財源を多角化して、専門性にもとづいた特化戦略を開発し、支援団体の運動性を強化しようとしている。すなわち、社会・経済的に劣悪な状況に置かれたひとり親たちに福祉的レベルの支援が必要であることを強調し、擁護する活動を続けるが、児童の権利である養育費の履行、面接交渉権の確保、生活の質と直接的に関わる住居問題、最低生活保障の問題などの権利問題にも、より専門的に対応する案を模索する。それらを通して、単なる福祉やフェミニズムではなく、ひとり親、特に女性ひとり親の生活の経験を基盤とした福祉運動へと進もうとするものである。

その一環として、団体が法的要件を満たす法人を構築することは、これまでの、支援団体の役割と活動が支援および資源連携を通じたひとり親会員の確保という消極的なレベルから、今後、積極的かつ組織的に福祉と女性運動を結合し、女性運動に基づいた福祉の権利を達成する当事者運動を拡大しようとする意志だと解釈できる。このような支援団体の進む方向をより具体化し、ひとり親の生活の質の向上に貢献するためには、今後、学界と官民の相互協力と実践努力の後押しが必要である。

これを踏まえ、支援団体の持続可能性と発展方向について、二点提案したい。

第一に、ひとり親家族のための、より統合的かつ包括的な事業運営のためには、財源や資源の不足を解決し、団体の財政支援の経路などを多様化する必要がある。具体的には、会費の他に様々な国や民間支援事業プロジェクトに参加し、より多くの予算を確保する方法について考える必要がある。しかし、現在、団体は人手不足のため、運営業務さえまともに進められない状況に置かれている。それゆえ団体間の連帯や学界など外部から専門家の協力を要請してプロジェクト事業の申請を準備し、運営することが必要である。

第二に、これまでは社会的状況の変化とひとり親家族のニーズに対応しながら事業を運営してきたため、団体のビジョンが曖昧になり、最初に追求しようとしたひとり親女性のエンパワメントと権利確保などの擁護運動が、福祉中心の活動に変わるなど、ビジョンに関する悩みが続いてきた。だが、本調査に参加した支援団体について、実際にこれらを解決するための対応策として、具体的な活動や努力が筆者たちにはよく分からなかった。したがって、団体のアイデンティティとビジョンの確立のために、事業効果に関する研究や、福祉か擁護かといった、団体の支援類型の違いよるひとり親家族の変化と支援の成果を把握するための多様な実証的研究を行なって基礎資料を得て、これをもとに団体のアイデンティティとビジョンを設定することを提案する。

ＣＯＶＩＤ－19は、支援団体に影響を与えた。企業の支援が増加し、共同で寄附金を受けて各団体に配分することも行なわれ、物質的な支援事業が拡大したのである。したがって、一概に活動家の人数や財政環境が悪化したとは判断しにくい。しかし、支援団体の事業の性格が福祉的支援へと変化する傾向が見られる。自助グループやエンパワメント事業は縮小しており、支援団体を取り巻く環境は改善されていない。

〈注〉

（1）女性家族部（여성가족부）2022『ひとり親家族支援事業案内』（한부모가족지원사업 안내）http://www.mogef.go.kr/

（2）韓国ひとり親連合（한국한부모연합）2022『韓国ひとり親の紹介』（한국한부모 소개）http://www.hadbumonet.com/

（3）韓国未婚母支援ネットワーク（한국미혼모지원네트워크）2022『クムスン紹介』（금순소개）http://www.kumsn. org/

（4）韓国未婚母家族協会（한국미혼모가족협회）2022『協会の紹介』（협회소개）http://www.kumfa.kr/

第4章　ひとり親家族支援の日韓比較

神原　文子

1　日韓のひとり親世帯の現状

本章では、日本と韓国におけるひとり親家族の現状をふまえたうえで、行政機関におけるひとり親家族支援策（以下、「ひとり親支援」策と略す）の比較、および、民間におけるひとり親支援活動の比較をすることにより、ひとり親家族が人間らしく尊厳ある生活を営むために必要な支援策のあり方について問題提起したい。

日本では五年ごとに、韓国では三年ごとに、ひとり親世帯を対象とした実態調査が実施されている。比較する年度を揃えるために、日本における「令和三年度全国ひとり親世帯等調査」［厚生労働省 2022］と韓国における「二〇二一年ひとり親家庭実態調査」［韓国女性家族部 2022］の結果を較べよう。

ひとり親世帯（母子・父子合わせた）比率は、日本は全世帯の二・五%（母子世帯一一九万五一〇〇世帯、父子世帯一四万八七〇〇世帯、全世帯数五三三二万八〇〇〇世帯）、韓国は一・七%（ひとり親世帯三六万九〇〇〇世帯、全世帯数二二〇二万三〇〇〇世帯）と、ひとり親世帯比率にはやや開きがある(1)。

ひとり親になった理由は、日本では、死別七・〇%（母子五・三%、父子二一・三%）、離婚七八・四%（母子七九・五%、父子六九・七%）、未婚九・七%（母子一〇・八%、父子一・〇%）などであり、韓国では、死別一一・六%、離婚八一・六%、未婚六・八%であり、離婚と未婚については日本と韓国と大差はない。ひとり親の平均年齢は、日本四二・四歳（母四一・九歳、父四六・六歳）、韓国四三・六歳であり、平均子ども数は、日本一・五人、韓国一・五人であり、世帯構成は似ている。

日本の母子世帯の母自身の平均年間収入は二七二万円（児童のいる世帯の三三・四%）、父子世帯の父自身の平均年間収入は五一八万円（児童のいる世帯の六三・七%）、韓国のひとり親世帯の年間所得は二八三万円（全世帯の平均年収の六九・一%）である［GLOBAL NOTE 2022］。ひとり親の就業率は、日本の母子世帯八六・三%、父子世帯八八・一%、韓国の母子世帯七二・一%、父子世帯八八・一%である。日本でも韓国でも、ひとり親の多くが就労しているにもかかわらず、日本の母親の四二・四%、韓国のひとり親の四六・〇%が非正規職であり、そのため、両国とも、ひとり親世帯の多くが低所得である。さらに、日本も韓国も、非監護親から養育費を得ているひとり親世帯は少なく、日本において、養育費を受け取っているのは二六・四%（母子世帯二八・一%、父子世帯八・七%）、韓国においては、法的養育費債権がある（取決めをしている）ひとり親世帯は二一・三％となっている。

このように、日本と韓国のひとり親世帯の生活実態を概観すると、両国の共通点は多い。さらに、二〇一八年について、子どもの貧困率をみると、日本一四・〇％に対して韓国一二・三％であり、ひとり親世帯の貧困率では、日本四八・五％に対して、韓国四七・七％となっている。(2)日本でも韓国でも、ひとり親世帯の社会的・経済的状況は厳しく、子どもの貧困率やひとり親世帯の貧困率においても両国間で大差はない。

しかし、私たちが、韓国に何度も足を運んで、ひとり親当事者、支援団体の代表者、行政担当者、そして、研究者などへのインタビューから痛感したのは、韓国のひとり親支援策における日本との大きな相違であった。個人的な思いとして、韓国のひとり親支援策には希望が見えたし、支援団体のリーダーたちからは、女性の権利や労働者の権利を主張する強い意思が伝わってきた。現時点では、日本と韓国と、ひとり親家族の生活実態に差は見られないとしても、ひとり親支援の考え方や支援策における日本と韓国との差異を確認することは無意味ではないはずだ。ちなみに、韓国のひとり親支援は、「国民基礎生活保障法」と「ひとり親支援法」に基いており、日本では、「母子及び父子並びに寡婦福祉法」である。「寡婦」とは、夫と離死別し、再婚していない女性を意味する。日本では、夫と離死別し、子ども以外の扶養親族がいる女性、および、死別の場合は、扶養親族のいない女性も福祉の対象としている。ここにも、離別と死別の間で差別がある。

韓国における家族政策に詳しい相馬直子は、日韓の家族政策の違いを次のように指摘している。少し長いが、引用する。「韓国社会は、多様な家族をどう包摂するかという視点から、新しい家族関係の見直しの中で、明示的な『家族政策』に向けて政策の再編が進んできた。そして、階層の視点から子育てニーズが認知され、低所得層児童に焦点を絞ったターゲット戦略がとられている。一方、日本は、家族像見直しなき、暗黙的・個別主義的な子育て支援策の形成が見られ、子育てニーズは母親の心理的側面から認知され、中間層の母親の育児負担軽減といった対象化がなされてきた」と［相馬 2012: 99］。さらに、韓国のひとり親支援の形成過程について、「①女性運動団体と当事者団体が声をあげたこと、②それを政策につなげる回路やネットワークがあること、③低出産（低出生＝神原）問題や子どもの権利問題としてひとり親支援が問題化されていること、という3つが結合した」と指摘する［相馬 2020: 71］。

対して、日本のひとり親支援政策の特徴について、湯澤直美の論考もふまえて整理すると、①児童福祉の一部として「母子福祉」が位置づけられてきたこと、②ジェンダー平等や子どもの権利保障の観点が乏しいこと、③死別か、離別か、未婚／非婚かというひとり親になった理由、母子か父子かという親の性別、第一子、第二子、第三子かという子どもの出生順などによる差別を内包させてきたこと、④〝標準家族〟から外れたひとり親家族として、自助努力による自立が要請されてきたこと、などを挙げることができる［湯澤 2020］。

日本と韓国とのひとり親支援のあり方にみられるこのような理念や方針の違いをふまえて、以下では、まず、日本と韓国との公的なひとり親支援策を比較してそれぞれの特徴を捉えよう。

2　公的なひとり親家族支援策——ソウル特別市と東京都の比較

韓国と日本のひとり親支援策を比較するには、できるだけ比較対象の条件を揃える必要がある。そこで、韓国の首都であるソウル特別市と、日本の首都である東京都のひとり親支援策について比較する。ソウル特別市ひとり親支援センター長のイ・ヨンホさんによると、韓国の中でも、ソウル特別市のひとり親支援策は進んでいるとのことであった。他方、東京都は、日本の自治体の中で最も財源が豊かであり、独自のひとり親支援策を行なっている。

二〇二〇年のソウル特別市の人口は約九九一万人、世帯数は約四一三万世帯である。ひとり親世帯数は二九万八〇〇〇世帯であり、全世帯の七・二％である。他方、二〇二〇年の東京都の人口は約一四〇〇万人、世帯数は約七〇二万世帯である。ただし、東京都のひとり親世帯数については二〇一五年のデータしか公表されておらず、母子世帯六万八四八世帯、父子世帯六二一一世帯であり、全世帯の一・〇％である。年度は違うにせよ、ソウル特別市と東京都と、ひとり親世帯比率に大きな開きがあることがわかる。

表４－１は、ソウル特別市と東京都のひとり親支援策について比較できるように並べたものである。

①ソウル特別市と東京都のひとり親支援策における何よりの大きな相違は、ひとり親支援の考え方にある。すなわち、ソウル特別市では、韓国政府における社会的包摂の考え方に依拠して、これまでさまざまな差別や偏見を被ることの多かったひとり親家族が、多様な家族の一形態として地域社会の中で生活できることをめざしている。他方、東京都では、日本政府の方針として、ひとり親支援

（作成：神原）

東京都
724万世帯（2020年） 60,848世帯（2015年）0.8% 6,211世帯（2015年）0.1%
・各家庭の状況に応じた自立に向けた支援 ・母子家庭・父子家庭の特性を踏まえた支援 ・子どもの健全育成と将来の自立に向けた支援 ・関係機関の連携強化
＊東京都ひとり親家庭支援センター事業（生活相談・養育費相談・面会交流支援） ＊母子・父子自立支援員の資質の向上 ＊ひとり親家庭等生活向上事業
＊児童扶養手当　所得に応じて月額43,070円～10,160円　18歳高校卒業まで支給(2022年度) ＊児童育成手当（子供1人につき13,500円）所得制限あり ＊母子及び父子福祉資金貸付 ＊ひとり親家庭等医療費助成 ＊自立生活スタート支援事業 ＊自立援助促進事業 ・受験生チャレンジ支援貸付事業 ・被保護者自立支援事業

表 4-1　ソウル特別市と東京都のひとり親家庭支援策（1 ／ 3）

	ソウル市
全世帯数	443 万世帯（2020 年）
母子世帯数 父子世帯数	29 万 8 千世帯（2020 年）7.2%
ひとり親家族政策目標（ビジョン）	**・共につくるひとり親家族支援＋共にわかち合うひとり親家族支援** ・ひとり親家族の生活安定と自立力量強化総合支援 ・ひとり親家族福祉施設及び機関支援の活性化 ・ひとり親家族への認識改善のための社会環境作り
0　相談・支援	・センターへの来訪、有線、オンライン **＊専門の心理・カウンセラーとの連携サービス** ・施設入所者のための相談・治療支援 ・生活密着型のひとり親相談・情報提供サービス「ひとり親生活コーディネーター」
1　経済支援 ①低所得世帯支援	**＊低所得のひとり親家族支援事業** **・福祉給付支給基準―標準中位所得 52％以下** ・児童養育費：満 14 歳未満の子ども 1 人当たり月 20 万ウォン ・追加の児童養育費：祖父母と孫および満 25 歳以上の未婚、ひとり親家族の満 5 歳以下の子ども 1 人当たり 5 万ウォン ・学用品費：中・高校生の子ども 1 人当たり 5.41 万ウォン ・生活補助金：ひとり親家族福祉施設に入所した家族・1 世帯当たり 5 万ウォン ＊青少年ひとり親家族（親が 24 歳未満） **基準中位所得　60％以下** ・児童養育費：満 14 歳未満の子ども 1 人当たり月 18 万ウォン ・検定高試学習費：世帯当たり年 154 万ウォン以内 ・高校生教育費：高校に在学中の場合、授業料、入学金 **基準中位所得　52％以下** ・学用品費：中・高校生の子ども 1 人当たり 10 万ウォン ・生活補助金：ひとり親家族福祉施設に入所した家族・1 世帯当たり 5 万ウォン

注 1：＊印は、それぞれの市の特徴的な支援策
注 2：太字は、他方にない特徴的な支援策

を児童福祉施策の中に位置づけ、未成年の子どもの健全育成を図るうえで、ひとり親家族のなかで子どもの養育に困難な状況にある家族を支援するとしている。

②ひとり親支援の方法にも大きな相違が見られる。ソウル特別市では、行政の役割は、ひとり親支援制度を制定することと、直接にひとり親支援を行なう団体や機関を支援することである。そして、

東京都
・出産・子育て応援事業（ゆりかご・とうきょう事業） ＊ひとり親家庭の子どもの学習支援 ・生活困窮者自立支援法に基づく子どもの学習支援事業 ・受験生チャレンジ支援貸付事業 ・被保護者自室促進事業 ＊ひとり親家庭ホームヘルプサービス
・養育費確保のための支援
＊都営住宅の優先入居 ・居住支援協議会 ＊母子生活支援施設等の支援力の向上 ＊母子緊急一時保護事業
＊東京都ひとり親家庭支援センター事業（就労支援） ・在宅就業推進事業 ・高等学校卒業程度認定試験合格支援 ＊母子家庭・父子家庭自立支援教育訓練給付金事業 ＊母子家庭・父子家庭高等職業訓練促進給付金事業 ・母子・父子自立支援プログラム策定事業 ・ひとり親家庭相談窓口強化事業 ・母子家庭の母等に対する職業訓練

表 4-1　ソウル特別市と東京都のひとり親家庭支援策（2 ／ 3）

	ソウル市
②教育、保育、医療	＊自分と子どもを守った勇気ある未婚母・父への早期支援 ・情緒支援―情緒的および相談サポート／グループ相談 ・出産および子育て支援 ＊親子検査費用の支援―子育てに対する責任強化のため ＊教育・文化体験プログラム ＊自助会運営支援 ・選択する予防接種の支援 ＊ワークライフバランスのための家事支援サービス―家事管理士派遣サービス（週 1 回 4 時間 5000 ウォン） オーダーメイド型子育てのソリューション！親教育 ＊出産・子育て―支援情報 ・妊娠・出産の診療費支援 ・出産費用支援 ・健康管理ー産婦の健康管理／産婦・新生児の健康管理 ・低所得層へおむつ、粉ミルク支援
③養育費確保への介入	＊養育費履行確保支援サービス「養育費履行管理院」 ・支援対象：満 19 歳未満の子どもを育てている、ひとり親および祖父母と孫家族 ・支援内容：養育費相談、協議、訴訟、取立およびモニタリングなど未成年の子どもの養育費請求と履行確保支援などに関するワン・ストップ総合サービスの提供
④住居支援	＊ひとり親家族福祉施設 ・低所得者向け住宅支援の一環として
2　自立支援 ＊脆弱家族支援 ＊予防的支援 コミュニティ支援	＊中卒・高卒の学歴取得のための「トダム学校」 ＊ひとり親家族の権利追求 ＊困難な状況にあるひとり親家族支援―「ひとり親死角地帯支援協議体」を通した死角地帯のひとり親家族の発掘　危機的家族へ　1 世帯あたり 70 万ウォン支援 ＊住居資金無利子少額貸付「私は家長」 わがまちの自助会の紹介

ソウル特別市ひとり親家族センターや民間の支援団体が、個々のひとり親家族のニーズを把握しながら必要な支援を行なっている。他方、東京都では、国や都が制定したひとり親支援策の多くを東京二三区やそれ以外の市役所が行なっており、生活相談、法律相談、就業支援事業、交流事業などについては、一般財団法人東京都ひとり親家庭福祉協議会に委託している。(3)

東京都
特になし

③経済的支援の考え方に大きな違いが見られる。ソウル特別市では、ひとり親家族の所得額、子どもの年齢、子どもの人数を基準にして給付額を算定している。児童養育費、学用品費は、子ども一人あたりの額である。また、青少年ひとり親家族（親が二四歳未満、多くは未婚母）に対して児童養育費の増額や親の就学支援を行なっている。二〇二二年には児童養育費が約二倍に増額された。他方、日本において、生別のひとり親世帯に支給される児童扶養手当については、二〇二〇年の全国消費者物価指数に対する翌年の物価指数がマイナス〇・二％であったとして、二〇二二年度の児童扶養手当額が引き下げられた。東京都では、国の基準に基づき、児童扶養手当の給付は保護者の所得額と子ども一人分が基準であって、二〇二二年度の全額支給は、一人目は月額四万三〇七〇円、二人

表4-1　ソウル特別市と東京都のひとり親家庭支援策（3／3）

	ソウル市
3　啓発活動ー肯定的な認識をひろげる	＊訪ねていく、ひとり親家族理解教育 —多様な家族の形態についての情報提供を通して、平等な家族・生活文化がひろがるようにオーダーメイド型で訪ねていく「ひとり親家族理解教育」 ＊みんなが一つの大祝祭 ・認識改善のためのリレーキャンペーン ・ボランティアの案内 ・後援の案内—後援の参加方法—所得控除の特典

目上限一万一七〇円、三人目上限六一〇〇円と低くなる。なお、児童扶養手当は、離婚と未婚／非婚のひとり親世帯への経済的支援制度であるが、死別のひとり親世帯には、都としてのひとり親支援の管轄外にある遺族年金が給付される。遺族年金は児童扶養手当よりも金額が格段に高く、非課税であり、子どもが一八歳以上になっても受給できる。日本のひとり親支援策が、ひとり親になった理由の違いによる差別を温存している具体例と言える。

東京都の制度にある、ひとり親家庭等医療費助成制度は、親と子ども両方の医療費が補助される制度であり、ひとり親家族にとっては大いに助かる制度であるが、ソウル特別市の制度の中に医療費助成に相当する制度は見あたらない。また、児童育成手当は、子ども一人につき一万三五〇〇円支給するという東京都独自の給付制度であり、全国の自治体の中で東京都だけの制度である。

④住宅支援策については、ソウル特別市も東京都も十分とは言えず、ソウル特別市では、低所得者向け住宅支援があるとはいえ、ひとり親世帯が優先的に入居できるわけではない。東京都では都営住

宅への優先入居の制度はあるが、倍率が高いために実際の入居は難しく、民間の賃貸住宅の高い家賃が家計を圧迫する。

⑤ソウル特別市では、近年、未婚母・父への支援に力を注いでいる。市では、未婚母・父に対する社会的評価をマイナスからプラスに転換させようという意図もあり、未婚母・父が生活困難ゆえに支援するのではなく、「自分と子どもを守った勇気」を称える意味で支援するという考えを前面に出して、ひとり親家族の中でも手厚い支援策を講じており、少子化対策の一環としてだけではないことがわかる。市から委託を受けている民間の支援団体では、グループホーム等で、妊娠がわかった時から出産後に自立の目途が立つまで支援を行なっている。東京都では、未婚母・父に特化した支援策は見当たらない。

⑥ソウル特別市と東京都と、自立支援における「自立」観の違いを指摘できる。ソウル特別市では、ひとり親家族がエンパワメントによって、自ら権利追求できることを「自立」と捉えているものと解される。そのことは、脆弱家族支援としての住居資金無利子少額貸付制度に「私は家長」とネーミングされていることにも反映されている。他方、東京都における「自立」については、明確な定義はされていないものの、ひとり親が就労によって福祉的支援を必要としなくなることを「自立」と捉えているように推察される。

⑦ひとり親家族に対する肯定的な認識を広げることを重点施策としているソウル特別市と、そのよう

な取組みがされていない東京都との違いを指摘できる。ソウル特別市では、近年、ひとり親家族が多様な家族の一形態として、平等な権利を有し、それぞれの生き方が尊重されるように、さまざまなところに訪ねて行く「ひとり親家族理解教育」や社会の認識改善のキャンペーンに力を注いでいる。二〇一九年から、五月一〇日が「ひとり親家族の日」となった。

⑧そのほか、国の施策として韓国と日本との養育費確保支援における違いを指摘しておこう。韓国では、二〇一五年に養育費履行院制度が制定され、養育費の強制執行や養育費の立て替えがスタートした。チョン・ヨンスン韓国ひとり親連合代表が指摘しているように［チョン 2016］、十分に成果を上げるまでにはなっていないようであるが、国として制度を立ち上げた点は評価できる。日本では、二〇二〇年から、国の法制審議会において養育費の取り立て制度に関する議論がようやく始まったところであり、韓国より遅れていると言わざるをえない。

3 日韓の支援団体の特徴

(1) 日韓のひとり親支援団体を比較する

次に、日本のNPO法人など民間ひとり親支援団体の現状と、ソン・ジョンヒョン教授らによる韓国の民間のひとり親支援団体の現状とを比較したい。

韓国のひとり親支援団体の代表者へインタビューを行なって、日本のひとり親支援団体との差異について気付かされる点が少なくない（以下では、「ひとり親支援団体」を「支援団体」と略す）。

表4－2は、日本と韓国の支援団体の特徴を整理したものである。

①韓国の支援団体のリーダーたちの中で、労働運動や女性差別反対運動に取り組むなかで、ひとり親女性たちのおかれている厳しい状況を目の当たりにして、ひとり親支援に乗り出した女性たちが少なくない。女性の人権尊重の立場でひとり親支援を行なっている。日本では、女性差別の解消をスローガンに掲げている団体は限られている。

②韓国の近年のひとり親支援の中心は、未婚母家族であり、その前は、移民のひとり親家族だったという。公的機関も民間支援団体も、ひとり親家族の中でも生活困窮度の高いひとり親家族を重点的に支援していると解される。日本の支援団体の中で、未婚のひとり親支援や移民のひとり親支援に重点を置いている団体は皆無に等しい。ちなみに、韓国において、近年、未婚母家族支援に力が注がれる実態については、本書第3章、第8章を参照いただきたい。

③前記の①とも関連して、韓国の支援団体が力点をおいているのは、ひとり親当事者のエンパワメントへの支援である。支援を受けたひとり親が力をつけて、今度は、支援を必要としているひとり親を支援しながら、ひとり親家族が生活しやすい社会の実現をめざしている。必要に応じて、専門の心理職によるカウンセリングも行なわれている。近年、日本の支援団体においても、当事者のエンパワメントを支援する動きが見られるようになってきた。

表 4-2　ひとり親家族支援団体の日韓比較

支援のあり方	韓国	日本
1. 成り立ち	女性差別反対運動、労働運動、未婚母支援	当事者団体、生活困難者支援、DV被害支援
2. 支援対象	近年、未婚母家族に比重	離婚ひとり親家族中心
3. 支援方法	相談	相談
	自助グループ	交流会（自助グループ）
	親子イベント	親子イベント
	エンパワメント教育	セミナー開催
	全面的な生活支援	生活物資、食料配布
		就業支援の新たな活動
4. 情報発信	ネットカフェ	ニュース、冊子
	SNS	メルマガ
5. 市民向け	認識改善教育	
6. 運営資金	個人、企業、教会からの多額寄金	会費、委託事業費、寄金
7. 団体間のネットワーク	全国規模の連携、年１回フォーラム	全国規模の連携
8. 家族観	多様な家族の許容化	離婚、未婚母に対する否定的見方
9. 政府機関	女性家族局青少年家族政策室	厚生労働省子ども家庭局
10. 支援の背景	民主政権のもと法制化	子どもの貧困対策の一環として改善
	寄付に対する減税策	認定団体への寄付に対する減税策

（作成：神原）

④韓国の支援団体では、市民向けの活動として、ひとり親家族にたいする偏見や差別意識を払拭して、ひとり親家族は多様な家族の一種であるとの認識改善に務めている点をあげることができる。

⑤韓国では、民間企業がNPO法人等に寄付をすると、寄付控除を受けることができることもあり、大手企業から多額の寄付を得ている支援団体は少なくない。日本では、ひとり親支援を積極的に行なっている民間企業は限られている。

(2)　生活ニーズからみた支援の現状

次に、ひとり親家族の〈プレ子づれシングル期〉、〈ニュー・子づれシングル期〉、〈子づれシングル継続期〉、〈子づれシングル安定期〉に期待される支援に対して、個々の支援団体の提供する支援メニューを整理したのが図4―1、図4―2（九六～九七頁）である。個々のひとり親支援団体においては、それぞれのめざす支援のあり方を再検討するための参考にしていただけるのではないか、また、ひとり親家族当事者においては、身近にある支援団体に、新たな支援メニューを提案するうえで参考にしていただけるのではないかと考えて図示した。

〈プレ子づれシングル期〉の離婚前の女性たちにとっては、離婚に向けての準備や離婚調停の進め方など、弁護士に相談する前に、もう少し気軽に安心して相談できる支援団体があれば心強いに違いない。また、DVから逃げても行き場のない母子を一時的に受け入れるシェルターの役割を担ったり、各地のシェルターと繋いだりする役割も期待される。さらに、未婚／非婚で妊娠した女性たちにとって、親族等から支援を受けることができなくとも、韓国のように、妊娠期から出産後の経済的自立に向けた支援を受けることのできるグループホームの存在意義は大きい。

〈ニュー・子づれシングル期〉は、多くの子づれシングルにとって、生活が激変し、先々の生活の見通しが立ちにくい時期である。このような時期に、今後の生き方や生活再編の仕方などについて、じっくりと相談に乗ってもらえること、役所等での手続きに同行支援してもらえること、物的な援助をしてもらえることなどが期待される。また、心身の不調をきたしている子づれシングルへの支援として、心理士や医師などとの連携も期待される。

〈プレ子づれシングル期〉から〈子づれシングル継続期〉にかけて、同じ立場の当事者同士をつないだり、〈プレ子づれシングル期〉女性と、すでに、子づれシングルになっている親子とつないだり、子ども同士をつないだりなど、それぞれのひとり親家族のエンパワメントへの後押しになるような関わりが期待される。また、支援されてきた子づれシングルが力を付けて、今度は、支援する側になれるように活動の場を提供できるとよいのだろう。

さらに、ひとり親家族当事者向けの支援活動だけではなく、韓国の支援団体に見られるように、ひとり親家族のニーズを受けて、制度改革などの要望を国に提起することも重要な活動と言える。もう一点は、支援活動の一環として、ひとり親家族の存在について広く理解を得られるようなイベントやキャンペーン活動も期待したい。

（3）日韓の支援団体の課題

ひとり親支援団体と一言に言っても、成り立ち、組織のあり方、活動の実態は多様である。少なくとも、私たちがインタビューさせていただいた支援団体は、本当によく頑張っておられるという感嘆の思いに尽きる。合わせて、それぞれの支援団体がそれぞれの地域において、ひとり親支援を継続的に行なっていくうえでの課題も見えてきた。なんとかならないだろうかという思いから、以下に列挙する。

図 4-1　韓国の民間ひとり親家族支援団体の活動

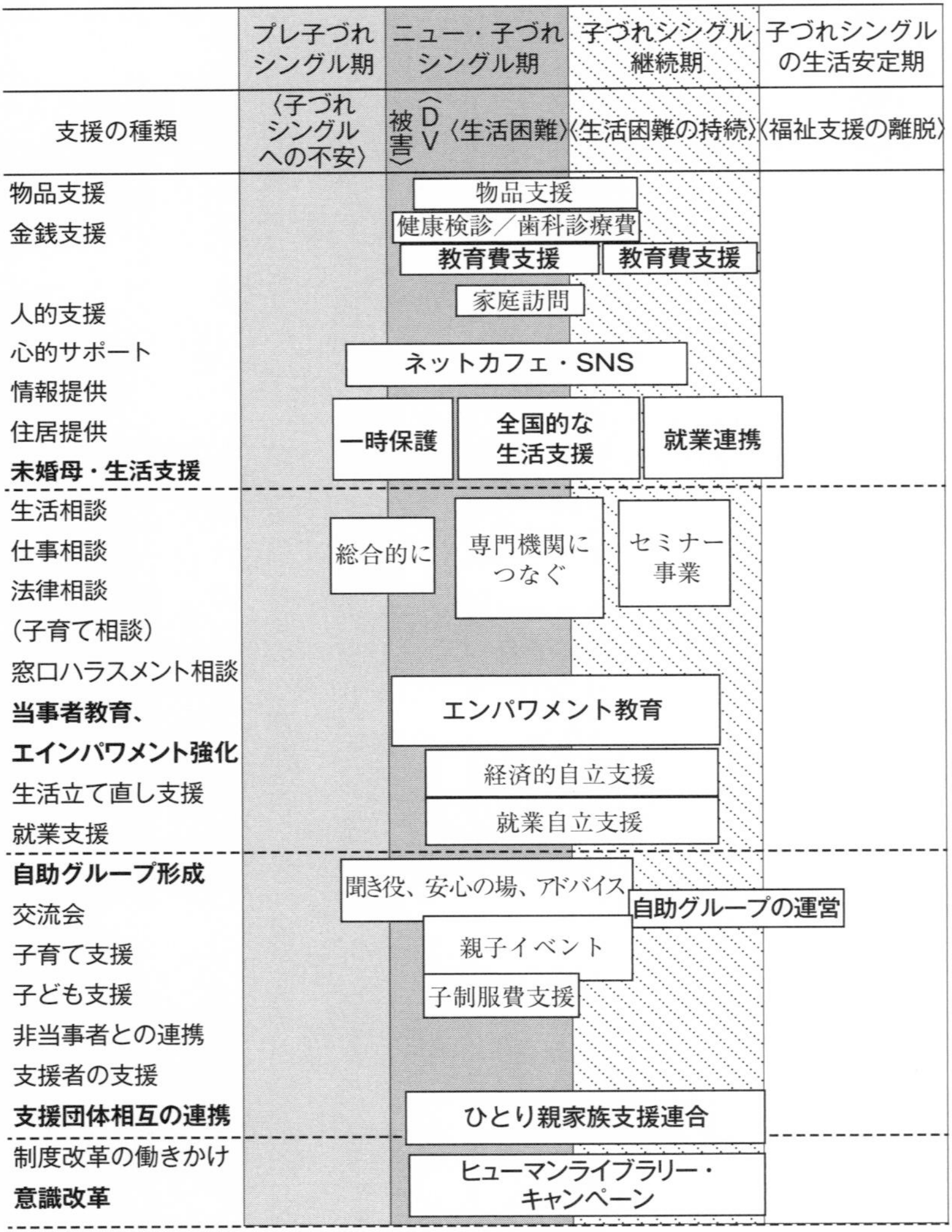

注：□具体的な支援の仕方、太字は特徴的な支援策である。

（作成：神原）

図 4-2　日本の民間ひとり親家族支援団体の活動

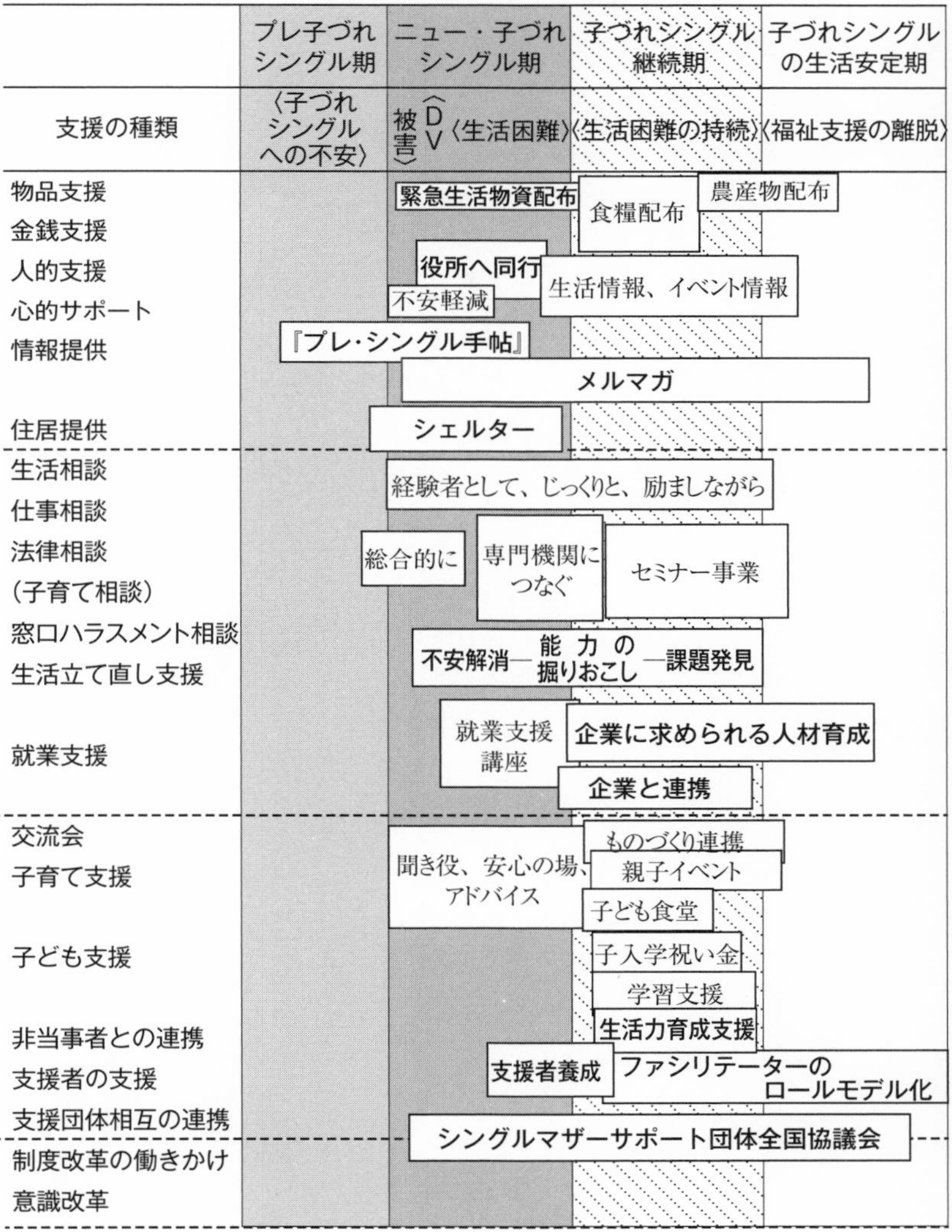

注：□具体的な支援の仕方、太字は特徴的な支援策である。

（作成：神原）

①日韓ともに、スタッフが、非常に低賃金であったり、無償のボランティアとして支援活動を行なっていたりする団体が少なくない。ひとり親家族の生活改善や生活安定をめざして活動しているスタッフ自身が生活困窮しているという団体も見受けられる。スタッフが疲弊していく現状を放置できない。スタッフの最低限の生活保障を前提とした支援活動でなければ持続可能性が危ぶまれる。
②①とも関連するが、日韓ともに、支援団体が行政機関から事業を受託する場合、行政機関の下請けになっていないかが問われる。ひとり親支援において、行政機関とひとり親支援団体とのように役割分担と協力を行なうのか、ひとり親支援団体からの問題提起と対等な意見交換が必要と言える。
③日韓ともに、支援団体のなかで、スタッフが自らの当事者（あるいは、元当事者）としての経験や、労働運動や市民運動に携わってきたという経験にもとづいて支援活動を続けている。しかし、支援団体が掲げる目標の達成に向けて、さまざまな子づれシングルから期待される支援内容に応じたキャリアアップが個々のスタッフに、そして、団体全体として必要となっている。
④日韓ともに、支援団体が、支援活動の質を高めるうえで、ひとり親支援団体以外の支援団体と連携したり、多種多彩な専門職者を支援者として巻き込んだり、専門機関と連携を取ったりしながら支援内容を充実させることが、今後、ますます期待される。法律家、医師、公認心理士、社会福祉士、税理士や公認会計士、産業カウンセラー、ファイナンシャル・プランナー、研究者などに限らず、さまざまな分野の専門家や特技を有する人びとにとって、ひとり親家族の支援者として関わることが、

きっと、自身のキャリアアップにつながるはずだ。ひとり親家族にとって、支援団体にとって、個々の支援者にとって、まさに、Ｗｉｎ・Ｗｉｎ・Ｗｉｎの関係と言えるだろう。

⑤日韓ともに、長年、ひとり親支援を行なっている団体の場合、なんのため、どこに向かってひとり親支援を行なっているのかといった、支援目標の明確化が必要かもしれない。それは、めざす〝ひとり親家族像〟と支援活動とを突き合わせて点検することを意味する。

⑥日本の支援団体の場合、未婚／非婚で妊娠した女性や多文化ひとり親家族の受け皿に十分にはなり得ていないが、今後、どうするかが問われる。

⑦日本の支援団体の場合、これまで、外向きに、ひとり親家族の存在に理解を求めるような情報発信を積極的に行なってきたわけではない。しかし、子づれシングルのエンパワメントを支援する団体として、社会的包摂の理念にもとづき、個々のひとり親家族が地域で生活しやすくなるための問題提起をしていくことも、今後の役割として期待したい。

4　ひとり親支援への提案

最初に確認したように、二〇二一年時点では、日本と韓国のひとり親家族の貧困状況に大差はない。しかし、韓国は、民主化も経済成長も日本より遅れてスタートし、ひとり親支援策についても本格化してから二〇年程度しか経っていない。このことを考えると、先進国の一翼を担う日本において、これまでのひとり親支援策では、ひとり親家族の貧困状態を改善できていないという事実が、もっと深刻に受け止められるべきだろう。

と同時に、韓国のひとり親支援策やひとり親支援団体の理念や姿勢をとおして、日本のひとり親支援のめざす方途について確信をもつことができた。すなわち、①多様性の尊重とひとり親家族に対する差別解消、および、子づれシングルの間の差別解消、②職場、家庭、地域におけるジェンダー平等の実現、③子づれシングルのエンパワメントと支援者のエンパワメントを支援する、さらに、もう一点付け加えるなら、④子づれシングルが自らの人生を生きられる支援と、子どもが自らの人生を生きられる支援は、どちらも重要である。それゆえ、別立ての支援策を期待したい。

〈注〉

（1）「ひとり親世帯」は、日本では、二〇歳未満の未婚の子どもがひとり親に養育されている世帯、韓国では、一八歳以下の子どもがいる世帯である。韓国では、母子世帯と父子世帯とを区別した集計がなされていない。

（2）https://www.globalnote.jp/post-16745.html'

（3）https://www.tobokyou.net/

第5章　日本の男女共同参画センターの取組み

仁科　あゆ美

1　男女共同参画センターの役割

（1）事業から見えた課題

私は、大阪府が一九九四年に設立した財団（現・一般財団法人大阪府男女共同参画推進財団）に当初から勤務し、大阪府立男女共同参画・青少年センター（以下、「ドーンセンター」）で、「女性のための相談事業」「啓発学習事業」「NPO等の組織運営のための能力開発事業」「働く女性の支援事業」等の企画を担当してきた。財団は女性支援の講座や人材育成研修、他団体との協働・連携事業を通して、地域において男女共同参画推進の中間支援の役割も担っている。

ひとり親支援に関連したこれまでの取組みでは、大阪府から受託した「女性のための相談事業」や

「母子家庭の母を対象とした職業訓練」事業等があり、近年は、国の女性に対する暴力対策事業等を受託し、ドメスティック・バイオレンス（以下「ＤＶ」）の実態、ＤＶ被害女性の心理やその後の影響、ＤＶ離脱後の母と子の困難な状況を把握してきた。二〇一二年からは、財団自主事業として「シングルマザーのためのセミナー」を開催し、シングルマザーが安心して参加できる機会の提供に努めている。

こうした事業を通して、私が痛感していることが大きく三点ある。

第一に、全国三〇八カ所に配偶者暴力相談支援センターが設置され（二〇二二年九月現在）、地域の支援機関や相談窓口は増加してきた。しかし、配偶者などから暴力を受けても声をあげにくい現実がある。このことは、内閣府「男女間における暴力に関する調査」（二〇二〇年）で、女性の約四人に一人が配偶者から暴力を受けたことがあり、被害を受けた女性の約四割が「誰にも相談していない」と回答していることにも表れている。

第二に、相談や支援に関する情報が当事者に届きにくい。届いたとしても、自身の悩みを個人的なこととしてとらえていたり、自分を責めて我慢していたりして、相談につながりにくい。当事者が支援を求めて行動を起こすには時間と決心が必要で、背景には根深いジェンダー問題がうかがえる。

第三に、当事者が抱えている問題は一つではなく、複数の問題が複雑に絡み合っており、「どこから解決していけばよいのかわからない」という声もある。ＤＶ被害を受けていたり、離婚等で傷つき精神的に疲弊していたり、子育ての悩みや仕事、生活の不安を抱えていたり、自己肯定感が低くなっている様子も見られる。抱えている問題の解決とともに、包括的支援、心のケアと本来持っている力を取り戻すためのエンパワメント支援が必要である。

このような問題意識から、本章では日本の男女共同参画センター等での主な取組みの現状と、ひとり親のエンパワメント支援のために男女共同参画センター等が果たせる役割と可能性、課題を考えてみたい。

（2）男女共同参画センターとは

男女共同参画センターとは、「男女共同参画社会基本法」（平成一一年法律第七八号）にもとづき、都道府県・市町村等が男女共同参画の推進拠点として設置した施設である。名称は、女性センター、女性会館などさまざまだが、以下では「男女共同参画センター」とする。目的は、男女共同参画の推進のために研修・交流・情報提供・相談等の事業を行なうこと、そして女性グループの活動拠点となることである。二〇〇一年施行の「配偶者からの暴力の防止及び被害者の保護等に関する法律」に基づき、配偶者暴力相談支援センターに指定され、ＤＶ専門相談窓口を設置している施設もある。

主に一九九〇年代から二〇〇〇年代にかけて各地に設置され、全国に三六八カ所ある（二〇二二年六月現在）。自主的な設置であるため、自治体の取組みの姿勢に影響を受けやすい。約三分の一にあたる一一〇施設が指定管理者制度を導入しており、財団やNPO、市民グループ、株式会社などによる多様な運営形態になっているため、安定的な事業予算の確保や、職員の雇用と質の維持・継続が課題となっている。

(3) 事業の特色

男女共同参画センターが図書館やスポーツセンター等の公共施設と異なるのは、単一の公共サービス事業を実施するのではなく、センター内で複合的、総合的に事業を実施し、それらのすべてが女性のエンパワメントや男女共同参画の推進を目的とするという点である。具体的には、DVやデートDV、性暴力、セクシュアル・ハラスメント等の女性に対する暴力被害者支援や予防啓発、あらゆる分野での女性の活躍推進、女性の生涯にわたる健康支援等のさまざまな事業が実施されている。また、男性を対象とした講座やセクシュアリティの多様性についても取り組まれるようになってきている。

センターが実施している事業の種別は、図5－1のとおりである。「啓発・講座」事業は重点施策や相談から見えた課題をテーマ等に設定、参加者それぞれの課題解決や啓発につなげている。「情報」事業は、問題解決の資源となる資料を収集し閲覧・貸出、リーフレットやウェブサイト等を利用した広報を行なう。「相談」事業では、さまざまな悩みや問題の解決に向けてサポートするとともに、相談件数等の分析を施策や事業内容に反映させている。そして、センターではグループの交流、講座等

図 5-1　男女共同参画センター事業の特徴

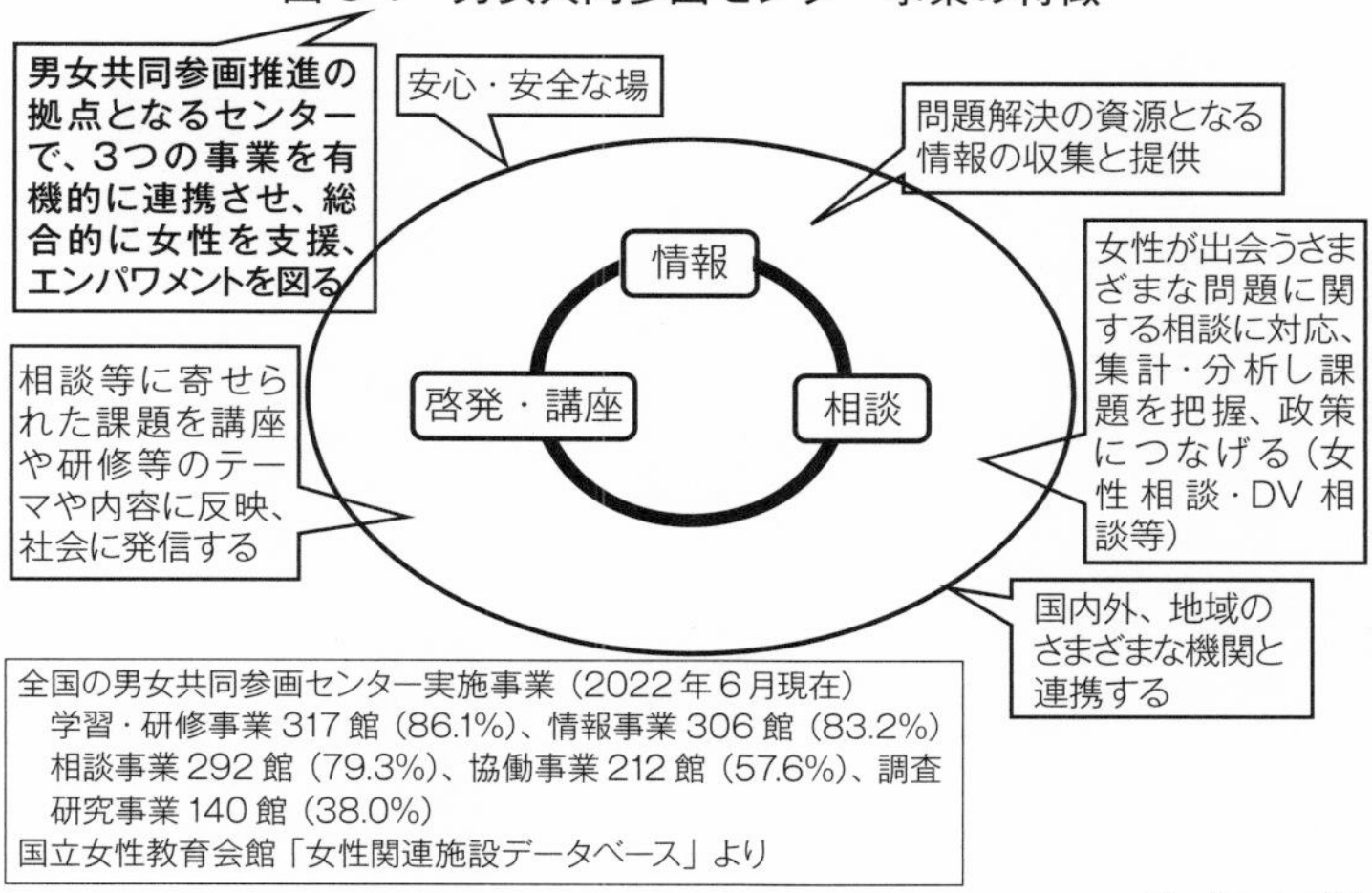
男女共同参画推進の拠点となるセンターで、3つの事業を有機的に連携させ、総合的に女性を支援、エンパワメントを図る
安心・安全な場
問題解決の資源となる情報の収集と提供
情報
女性が出会うさまざまな問題に関する相談に対応、集計・分析し課題を把握、政策につなげる（女性相談・DV相談等）
啓発・講座
相談
相談等に寄せられた課題を講座や研修等のテーマや内容に反映、社会に発信する
国内外、地域のさまざまな機関と連携する
全国の男女共同参画センター実施事業（2022年6月現在）
学習・研修事業317館（86.1%）、情報事業306館（83.2%）
相談事業292館（79.3%）、協働事業212館（57.6%）、調査研究事業140館（38.0%）
国立女性教育会館「女性関連施設データベース」より

（作成：仁科）

の参加者のネットワークづくり、一時保育サービスなどを行なっている。これらの事業をセンター内で有機的に連携・循環させ、安心・安全な「場」において、交流・発信等を展開、総合的な支援、エンパワメント支援体制をつくることができるのが特色である。

センターは、一人一人の女性のエンパワメント、そしてエンパワメントした女性たちのつながりが社会の変革へと広がっていく場所なのである。センターの規模が小さく、これらの種別すべてを実施できていない施設もあるが、個別のニーズに対応するためにも、センター内で実施する事業の連携は不可欠で、ひとり親支援において、男女共同参画センターのこれらの特色を活かすことが、包括的なエンパワメント支援につながると考えている。

（4）「意識啓発」型事業から「課題解決」型事業へ

かつて、女性史や女性の生き方等をテーマに、ジェンダー問題についての気づきや学びを中心にしていた事業は、女性に対する暴力に関する啓発や、自治体の行動計画にもとづく内容を取り扱うように変化した。二〇〇八年の内閣府男女共同参画会議基本問題専門調査会の報告書には、「地域における男女共同参画推進の今後のあり方については、以後のセンターの役割を「課題解決型で実践的活動を中心とする取組」を行なうものと明記されている［内閣府男女共同参画会議基本問題専門調査会 2008］。センターは、就業や子育て、ＤＶや貧困、健康や介護等、地域の人々が抱えるさまざまな問題に対し、地域のさまざまな団体・機関と連携・協働し解決を目指す役割が求められているのである。このような流れのなかで、ひとり親支援も課題解決型事業として取組みが始まった。

2　全国の男女共同参画センターの取組み

男女共同参画センターでは工夫を重ね、広く多様な事業を実施している。当事者のみならず、さまざまな対象に広くアプローチし、ひとり親に関する啓発や支援を領域横断的に取り上げていることも、事業の特色の一つと言えるだろう。

（1）ひとり親当事者に向けた事業

国立女性教育会館「女性関連施設データベース」によれば、ひとり親当事者に向けた事業は、二〇〇一〜二〇二一年に行なわれた三万九五一七件中、三六二件である(1)〔国立女性教育会館 2022〕。その目的から大きく五つに分類できる。

①ひとり親に役立つ情報の提供や心のサポートとして、生活費・教育費等の「お金」、養育費・面会交流等に関する「法律」、住宅問題、子育てや親子関係等を含めた「生き方」をテーマにした講座の開催。②就労支援としてのパソコン技術の向上や資格取得、履歴書の書き方や面接の受け方等を学ぶ実践的講座。地域の就労支援機関等と連携したイベントとの同時開催など。③就労や教育資金など、個々のニーズに対する専門的な相談会。④自助グループの変形であるサポートグループでは、女性カウンセラー等が進行役を務め、参加者間の体験の共有や交流を支援。⑤自助グループやNPO等への助成や共催・協力事業など。

そのほかに、図書等の資料展示企画、専門家による講演とグループ相談・交流会の連携、希望者を女性相談につなぐ、複数年にわたっての継続事業等、各センターの工夫が感じられる。

(2) 支援者等を対象とする事業

支援者等を対象とした事業は、大きくは二種類あり、一つは男女共同参画センターの女性相談員やDV相談員、他の機関の支援員等の研修テーマにひとり親の現状と支援を取り上げ、地域での支援機関の連携や具体的な支援の方策を考えるものである。もう一つは地域の女性リーダー養成事業等のテーマの一つに取り上げている例で、修了生は議員に立候補したり、行政の各種委員を務めたりと地域のさまざまな分野でリーダー的存在として活躍していくことから、その広がりが期待できる。

(3) 一般市民を対象とする事業

家族のあり方や女性の貧困問題、ニュースと連動させた講演会として、ひとり親の抱える課題が取り上げられている。映画作品や演劇公演等の文化表現・芸術事業を通して広く啓発・情報発信する取組みも行なわれている。

3 地域における特色ある取組み

各地域のセンターでは、事業や機能をどう活かし、地域のさまざまな機関と連携したエンパワメントのしくみをどのように構築しているだろうか。私が全国のネットワークを通して得た情報をもとに、特色あるひとり親支援事業に取り組んでいる男女共同参画センターや団体を四つ選び、事業に取り組んだきっかけや、事業のしくみを紹介する。

(1) 特定非営利活動法人全国女性会館協議会

——「豊かな国の女性の貧困」の課題に気づき、「経済的に困難な状況にある女性のためのパソコン講座」を全国の男女共同参画センターで展開——

全国女性会館協議会（以下、「協議会」）は、全国の男女共同参画センターに対し、研修事業や情報収集事業、相談・コンサルティング事業等を実施し、男女共同参画センターの事業及び管理運営の充実を図ることによって、男女共同参画社会の形成の促進に寄与するNPO法人である。全国の男女共同参画センター八六館が会員となっている（二〇二二年六月現在）。連携事業として、民間企業等からの資金協力を得て、会員館を対象に助成事業を実施している。

協議会が、ひとり親支援を視野に入れた事業を始めたのは二〇〇六年だった。マイクロソフト社の社会貢献事業の支援を受けて、「経済的に困難な状況にある女性のためのパソコン講座」（以下、「パソコン講座」）プログラムを開発。全国の男女共同参画センターにおいて、母子家庭の母親やDV被害を受けている女性など、経済的に困難な状況にある女性を対象にパソコン技術を習得する機会を提供した。

パソコン講座は、一般的なパソコン技術習得のための講座ではない。表5－1（一一一頁）の通り、離婚やDV被害で傷つき、自信を失った女性や経済的に困難な状況にある女性たちが、パソコン技術の習得を通して自信を獲得、新たな一歩を踏み出すことを応援するものである［全国女性会館協議会2010］。情報格差の中で孤立しがちな女性たちが仕事に就くために必要な情報を手に入れ、すべての活動の基礎となる自分自身への信頼を回復するきっかけをつかむことに寄与することを目的にして行なわれている。講座修了生からは、「事務の仕事に就くことができ、とても役立った。私でもやればできるんだって、自信が少し出てきた」、「求職活動の際、パソコン必須と書いてあるところでも、最初から諦めずに応募することができた」等の声が寄せられた［桜井 2008］。

パソコン講座と同時に、男女共同参画センターの資源をフルに活用し、女性のための相談窓口・機関や就職に役立つ情報の紹介、同じ立場の女性たちの思いの共有の場づくり等を行なう「就労応援フェア」も開催した。パソコン講座と「就労応援フェア」は、二〇〇六年から二〇一二年で、全国の男女共同参画センター延べ五四館で実施、受講者総数は六九一八人にのぼった。

協議会がパソコン講座に取り組むようになった背景には、一九九〇年代に入ってからの、女性をめぐる状況の変化がある。九〇年代後半以降、男女共同参画センターの相談事業においてＤＶ関連の相談が増加し、経済的自立を支援する再就職講座等の中では、夫のリストラや離婚等の事情によって働かざるを得なくなった女性たちの声が聞かれるようになった。当時、女性の貧困問題はまだ顕在化してはいなかったが、男女の賃金・雇用格差は存在し、世帯収入と女性個人の経済状況は一致していないので、ＤＶや離婚等で女性が世帯から離れて生活していくとき、経済的に困難な状況に陥るリスクの大きいことがわかっていた。

その先駆的な例は、男女共同参画センター横浜（指定管理者：公益財団法人横浜市男女共同参画推進協

表 5-1　経済的に困難な女性のためのパソコン講座

対象	母子家庭の母親、DV 被害女性等
内容	15 時間以上のパソコン講座と就労応援フェア ・パソコン講座　：パソコンを使いこなす技術を習得する機会の提供と女性が自ら力をつけ自分自身への信頼感や尊重感を回復させ、社会に出て行く力を取り戻すことを応援する。 ・就労応援フェア：応援講演、相談会、メイクアップ、スーツプレゼント、親子の遊び、一時保育等
職員の研修	実施館のセンター職員に事前研修を実施。テキスト『「女性と貧困」問題への女性・男女共同参画センターの取り組みパソコン講座ガイドブック～』を活用し、事業の背景・目的、実施・運営方法、受講者とのかかわり方、センター機能との連携、地域の社会資源との連携・協働などについて学ぶ。
助成・協力	マイクロソフト社の「Unlimited Potential」（UP：すべての人々の可能性のために）プログラムの一環、2002 年以降さまざまな困難境遇にある女性たちが社会参画を果たす機会を実現するため、「女性のための UP プログラム」として IT を活用した女性の就業・自立支援を行なってきた。事業助成と PC のソフト、リユース PC の入手に関する情報提供を受けた。

（作成：仁科）

会）である。一九八八年の開館以来、女性の再就職支援に取り組んでおり、担当者は通常の再就職講座とは別に、母子家庭やＤＶ被害を受けた女性のニーズに応える事業の必要性を感じて、「母子家庭の母親」に対象を絞った事業を実施してきた。協議会の事業に先鞭をつけた先進的な取組みである。

協議会の取組みをきっかけに、全国の男女共同参画センターがパソコン講座を実施する過程で、パソコンや会場、インストラクターの確保、関係機関への周知、「就労応援フェア」の企画・運営まで、地域の行政機関や企業、ＮＰＯ等との新たな連携・協働が始まり、地域に根差したネットワークを広げていった。各センターの職員は協議会の事前研修を受講し、それぞれの職場で事業目的や運営のノウハウ、地域における男女共同参画センターの役割が伝えられた。協議会のパソコン講座は、「事業の実施を通じて、課題解決型ニーズを発見し、支援ノウハウを蓄積し、地域における多様な主体との連携を強化することによって、男女共同参画の拠点施設としての基盤強化や職員の力量向上にもつながっている」と評価されている［内閣府男女共同参画会議基本問題専門調査会 2008］。また、前述の『女性関連施設データベース』では、ひとり親支援に関する事業登録は、二〇〇一年には〇件、二〇〇五年までは毎年一〇件以下と少なかったが、パソコン講座が始まった二〇〇六年以降は増加している。パソコン講座が終了して一〇年経つ。講座の実施館はこの経験と実績を後進の職員に伝え、それぞれの形でひとり親支援に取り組んでいくことが期待された。以下で取組みを紹介する仙台市男女共同参画推進センター、静岡市女性会館、大阪府立男女共同参画・青少年センターもパソコン講座の実施館であった。

(2) 公益財団法人せんだい男女共同参画財団
——「学び直しを通したキャリア支援」「男女共同参画センター」「母子家庭相談支援センター」の事業を連携させることで、ひとり親個々のニーズに対応できる伴走型のエンパワメント支援体制を構築——

せんだい男女共同参画財団は、「仙台市男女共同参画推進センター　エルパーク・仙台、エルソーラ・仙台」の指定管理者である。同時に、ひとり親の就労支援と自立をめざす「母子家庭等就業・自立支援センター」を受託する全国唯一の男女共同参画関係団体でもある。

「学び直しを通したキャリア支援」取組みのきっかけは、男女共同参画センターの相談事業に、「高校中退、離婚後、非正規雇用で働いている。何か資格を取って収入の高い仕事に就きたいと考えているが、何をどのように勉強したらよいかわからない」という声が寄せられたこと。これを社会的ニーズととらえ現状を調査したところ、行政のひとり親支援がないことがわかった。そこで、文部科学省「自立を目指す女性のための学び直しを通したキャリア支援事業（実証事業）」に応募し、二〇一八年に採択された。

受講者本人の気持ちや意向を尊重しながら、キャリア支援と学習支援を丁寧に行なう伴走型の支援である。これからの生き方やそのために必要な学習や勉強方法は、男女共同参画センターのキャリア支援事業の中で、丁寧に個別カウンセリングをしている。子育て中の女性も受講できるように託児付きで、平日と土曜日の日中に一人あたり一カ月に二回程度行なっている。二〇一八年度の全受講生のうち半分弱が二〇～五〇歳代のひとり親であった。

受講者の中には、過去にさまざまに傷つき、ＤＶや虐待被害を受けた経験のある女性がいることを考慮して、学習支援の行使には自己肯定感を上げるような指導・対応ができる女性が一対一または一対二で配置されている。講師は、東日本大震災後に震災遺児の学習支援を行なっていた地元の学習塾が設置した学習能力開発財団から派遣され、発達障がいのこどもの支援なども行なう専門家集団でもある。

事業の周知については、まず支援者に情報を届け、そこから当事者に伝える手法を取る。「支援者から情報を得て一歩踏み出すのに時間がかかることもある。自分自身や子ども、健康、仕事のこと等、さまざまな問題を抱えている場合もあるので、スモールステップを重ねていく経験が必要だ」と担当者は言う。

全国の「母子家庭等就業・自立支援センター」は、母子家庭の母等に対して、相談や講習会、就業情報の提供等、一貫した就業支援サービスの提供を行なう。ゴールは就職である。しかし、仙台市母子家庭相談支援センターでは、求職活動をしているときに気持ちが揺れたり、DVや虐待によるPTSD等のため心のケアが必要になったりしたときには、男女共同参画センターの女性相談と連携することができる。こうして、個々の状況に配慮しながら、男女共同参画センターの情報コーナーや他の啓発講座等での学びなどを活かし、ひとり親の包括的なエンパワメント支援のしくみを構築している。

(3) 静岡市女性会館（指定管理者：特定非営利活動法人男女共同参画フォーラムしずおか）
――当事者・NPOの活動支援と連携・協働、既存事業やテーマの中にひとり親支援の視点――

限られた予算や事業枠の中では、ひとり親だけに対象を絞った事業の実施は難しい状況がある。静岡市女性会館（以下、「女性会館」）は、NPO法人男女共同参画フォーラムしずおかが指定管理者を務める。女性会館では、ひとり親当事者を応援、支援団体と協働したら、既存事業やテーマの中にひとり親支援の視点を入れたりする工夫をしてきた。

女性会館がひとり親関連事業に初めて取組んだのは、二〇〇七年の法律関連講座で、熟年離婚がテーマであったにもかかわらず、若い世代の参加もあり、ニーズを感じたからである。二〇〇八年、全国女性会館協議会の「パソコン講座」に応募、取組みを始める。パソコン講座後にはメイクアップや面接支援などの就活応援フェアを開催した。対象は「経済的に困難な女性」であったが、結果的にはひとり親だけでなく、経済的に困難なシングル女性も受け入れた。継続してパソコン講座を実施していたが、パソコン技術を学びたいという動機だけの受講者が多く、当初、想定していたひとり親や貧困なシングル女性は集まらなかった。

一方で、女性会館の相談事業には「子どもが離婚して家に戻ってきたが、うまくいかない」という親からの悩みが寄せられていた。検討を重ね、二〇一〇年からはプレシングルマザー（離婚を考えている女性）も対象にした「子連れで再出発」講座を全三回の連続講座として開催、二〇一三年は希望者にはパソコン講座を案内した。関連の講座でサポートできるように、女性会館職員はキャリアコンサルタントやファイナンシャル・プランナーの資格を取った。その後、連続で受講する参加者は減少、事業の見直しを行なった結果、二〇一六年に終了した。現在は、ニーズが高い「離婚に関する法律講座」を毎年、単回で実施している。

二〇一八年、女性会館は地域でひとり親支援のために活躍する民間団体「シングルペアレント101」（代表・田中志保）の協力を得て、ひとり親家庭に育った若者をゲストに迎えたトークイベントを開催した。シングルペアレント101は、田中代表が五〇〇人を超える当事者にインタビューして課題をまとめた『プレ・シングルマザー手帖』を作成し、静岡大学と連携するなど、当事者への支援のみならず、地域の若者や全国に情報発信している団体である（第2章も参照）。

ひとり親の困難は、本人がDV被害を受けていたり、子どもに発達障がいがあったりと、抱える問題はさまざまで、相談事業や主催講座だけではサポートできない。女性会館は、シングルペアレント101をはじめ、当館に登録している五五団体や地域のさまざまな支援団体・グループと連携して、当事者をそれらにつないでいきたいという。

また、女性会館の推進事業に、「Jo・Shizuメンターバンク」制度がある。「二〇一五年全国女性会館協議会事業企画大賞」を受賞した取組みである。仕事や社会活動、企業、子育て、介護などについての経験談やアドバイスをしてくれる身近な先輩女性（メンター）が登録されている人材データバンクで、会員登録するとメンターの詳細プロフィールを閲覧し、直接話を聞いてみたいメンターに面談を申し込むことができる。メンター登録数は一五九人。そのうち二六人はシングルマザーで、自らの離婚や助けてもらったり乗り越えたりした経験を誰かに還元したい、伝えたいという思いで登録の希望があるという。

女性会館ができる役割の一つは、地域のさまざまなネットワークの中にひとり親支援の視点を入れていくことだと担当者は考えている。たとえば地域防災に関する協働事業等の中で、ひとり親の立場を代弁し、困りごとを伝えていく。地域でそういった役割が果たせるよう、職員の育成を考えている。女性会館はあらゆる女性たちのプラットフォームを目指している。誰もが気軽に来られる、安心できる場所であることの認知度を高め、困難に陥った時に行こうと思ってもらえるように多様なニーズに応えていきたいという。

(4) 一般財団法人大阪府男女共同参画推進財団——孤立しがちなひとり親をつなぐ、地域の協力者を増やす、広域自治体が設置した財団だからこその取組み——

一般財団法人大阪府男女共同参画推進財団(以下、「財団」)は、一九九四年に大阪府立男女共同参画・青少年センター(愛称:ドーンセンター。当初の名称:大阪府立女性総合センター)開館以来、「相談」「情報」「啓発・講座」を柱に、大阪府や国等の受託事業と自主事業を幅広く展開してきた。

財団として、ひとり親支援に取り組むようになったのは、二〇〇九年、全国女性会館協議会による「パソコン講座」がドーンセンターで開催され、運営に参画したのがきっかけである。その体験を活かし、「母子家庭のお母さんなどを対象とした職業訓練事業」(二〇〇九~二〇一〇年度独立行政法人雇用・能力開発機構、二〇一一～二〇一五年度大阪府）を受託し開講した。これらの事業実施を通し、ひとり親が再就職して働き続けていくためには、就労支援だけでなく、心のケア、抱えているさまざまな課題の解決に向けた情報提供や孤立感を防ぐサポート、エンパワメント支援が不可欠であることを認識するようになっていった。

ちなみに、財団は二〇一〇年、大阪府の行財政改革によって府補助金がゼロの自立化法人に移行した。財源確保が困難な状況下で、ひとり親支援については在日米国商工会議所の助成金や、篤志家や企業、個人からの寄付金を活用して実施。予算と人員不足を補うため、各種受託事業や自主事業など、財源の異なる事業を組み合わせて「ひとり親支援メニュー」（図5－2）を構成し、受講者に提供している。

二〇一三年からは、「母子家庭のお母さんの職業訓練」受講者の心のサポートを補完する形で、「シングルマザーのためのセミナー」を開催。仕事や子育てなど、喫緊の課題をテーマに設定し、専門家の小講義と参加者同士の語り合い、先輩女性との交流を通し、自己肯定感を高めて情報交換ができる場を提供してきた。二〇一五年には、民間の、みずほ社会貢献ファンドの協力で始めた「シングルマザーの応援フェスタ」で、日ごろの頑張りをねぎらい、癒し、母親を元気づけて応援するイベントを開催した。二〇一八、一九年は新たな団体や大学、企業等のサポートを得て実施した。協力団体等の寄贈により、通勤用、面接用に活用できるスーツやジャケット、鞄や靴等をプレゼントした。地域の

図 5-2　ひとり親支援メニュー

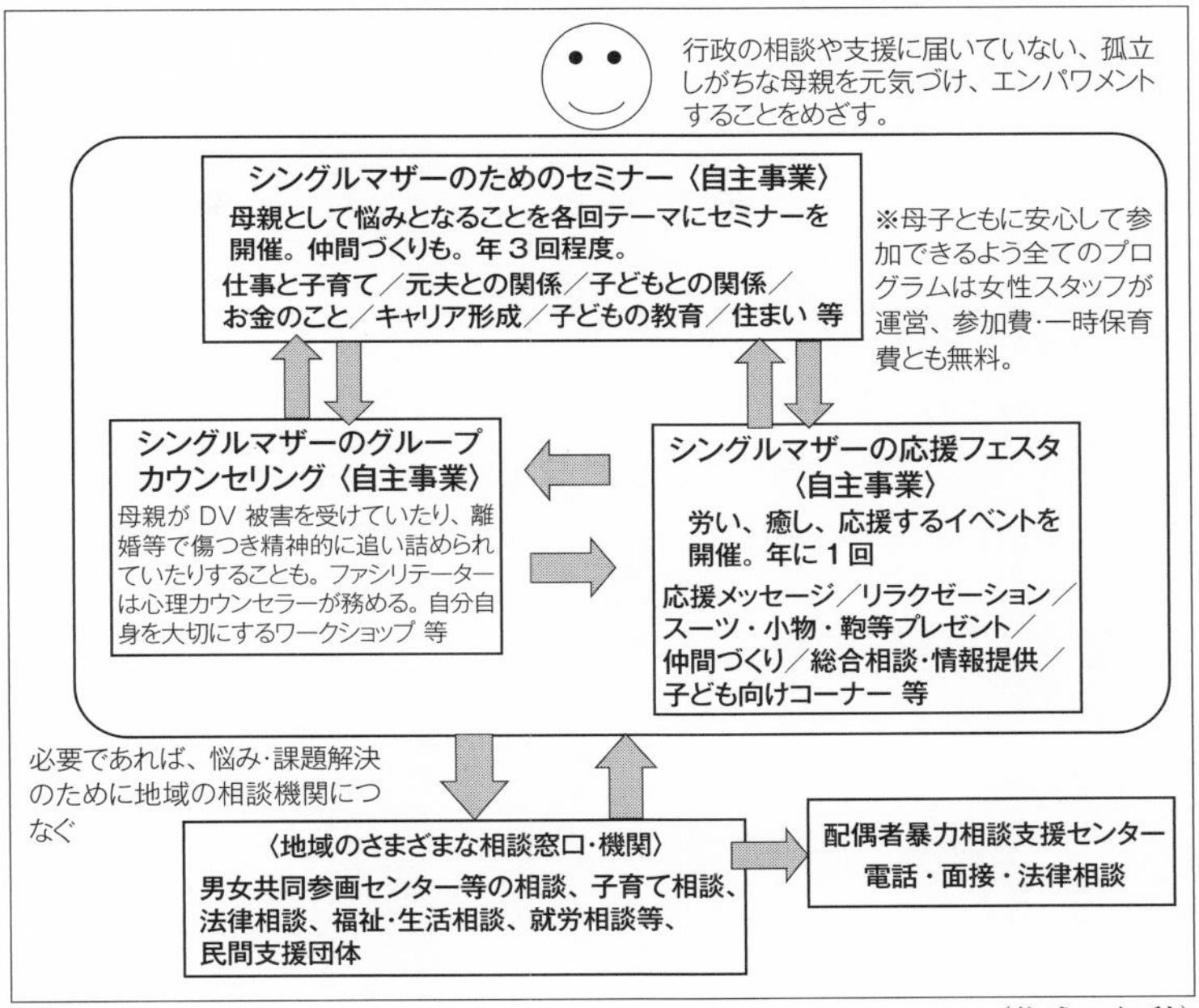

行政の相談や支援に届いていない、孤立しがちな母親を元気づけ、エンパワメントすることをめざす。
シングルマザーのためのセミナー〈自主事業〉
母親として悩みとなることを各回テーマにセミナーを開催。仲間づくりも。年３回程度。
仕事と子育て／元夫との関係／子どもとの関係／お金のこと／キャリア形成／子どもの教育／住まい 等
※母子ともに安心して参加できるよう全てのプログラムは女性スタッフが運営、参加費･一時保育費とも無料。
シングルマザーのグループカウンセリング〈自主事業〉
母親が DV 被害を受けていたり、離婚等で傷つき精神的に追い詰められていたりすることも。ファシリテーターは心理カウンセラーが務める。自分自身を大切にするワークショップ 等
シングルマザーの応援フェスタ〈自主事業〉
労い、癒し、応援するイベントを開催。年に１回
応援メッセージ／リラクゼーション／スーツ・小物・鞄等プレゼント／仲間づくり／総合相談･情報提供／子ども向けコーナー 等
必要であれば、悩み･課題解決のために地域の相談機関につなぐ
〈地域のさまざまな相談窓口･機関〉
男女共同参画センター等の相談、子育て相談、法律相談、福祉･生活相談、就労相談等、民間支援団体
配偶者暴力相談支援センター
電話・面接・法律相談

（作成：仁科）

協力団体を巻き込むことで、ひとり親の現状と課題について関心を高めるねらいがあるのと同時に、多くの団体が応援しているというメッセージも込めている。洋服を試着した参加者に、「素敵ね」、「よく似合っている」とスタッフが声をかけるのは、私自身がかつて米国で視察したひとり親就労支援のＮＧＯ「Dress For Success」[2] のエンパワメント手法を参考にした。

二〇二一年には、この事業を発展させ、内閣府「地域女性活躍推進交付金　③つながりサポート型」を活用して実施した。コロナ禍で苦しい状況に置かれているあらゆる女性に

対する緊急支援である。

情報ライブラリーの一角にある「女性のためのコミュニティスペース」では、予約不要・利用無料で、就職面接用のスーツなどの衣類や、化粧品、かばん、生理用品など生活用品を提供している。さらに、カウンセラー等の支援スタッフ（女性、二名）がいつもいて、必要に応じて悩みや不安を聞き、困難・課題の解決につなげるための情報収集のサポート、専門の相談窓口の紹介など、適切なアドバイスを行なう。支援スタッフがファシリテーターを務める交流会（参加費無料）も実施した。二〇二二年度も継続しており、二〇二二年九月末現在、のべ一一八一人が来所した。来所者のアンケートによれば、大阪府内に住む人が七八％を占め、府外からの利用もある。年代は一〇代の学生さんから九〇代までにわたっており、一番多いのは四〇代で約二五％である。来所目的（複数回答）は、五割近い人が「話がしたい」、約三割の人が「物品入手」、「情報収集」と回答しており、実際的な物品援助以外の、交流や情報といった当事者ニーズにも応えることができている。

この取組みを通して、支援者にも変化があった。①幅広い領域から専門性の高いスタッフが二人一組で活動し、定例会で情報共有することで、多職種連携ができ、専門職としてのスキルアップに繋がった。②物品提供した団体・企業への協力依頼の過程では、自分事として課題を理解し、自分の仕事や職場のありかたを問い直し、研修会の開催や広報協力にも発展した。③訪れた女性たちがこの取組みを知ったきっかけの最多はチラシ（二七％）である。チラシの入手先は、役所の相談窓口、図書館、弁護士、子ども家庭センター、男女共同参画センター、母子生活支援施設、シェルター、フードバンクやシングルマザー支援団体、学校の就労支援担当の教員など、非常に多岐にわたっている。府内外の多様な立場の人々の支援のネットワークが広がった。

こうした取組みは、広域自治体が設置したセンターだからこそ可能と自負しつつ、ひとり親支援に関する情報提供、とりわけ新しい参加者にはさまざまな支援メニューについての情報提供を心がけて運営している。

4　ひとり親支援の可能性と課題

(1) 可能性

第一に、センターの事業機能や資源を最大限に活用、発揮することで、当事者個々のライフステージや置かれている状況に合わせ、心のサポートを中心とした、寄り添い型のエンパワメント支援が可能である。女性のための相談事業等で個々の悩みや問題を整理し、必要であればそれぞれのニーズに合った地域の専門支援機関につなぐことができる。

第二に、センターという安全・安心な「場」の提供である。センターは、いつでも、誰でも、どこからでも、何度でも利用できる。予約や申込みがいらない利用形態もある。ふらっと立ち寄ることもできる。一時保育サービスも利用できる。ひとり親だけを対象にしたものばかりではないが、安全・

安心な環境の中、ほとんどが無料または安価な受講料で参加・利用することができる。

第三に、セミナーや自助グループ、関連のＮＰＯ・団体の集まりに参加することで、孤立を防ぐ。同じ立場や思いを持つ女性たちと出会って思いを共有し、力を得ることができる。個人の経験が共有されエンパワメントすることで、仲間やグループが誕生し、次の活動につながり好循環が生まれていくのだ。

第四に、地域の関連機関にひとり親支援に関する理解を拡げ、エンパワメント支援の視点を入れていくことができる。地域における男女共同参画センターの役割は、ワンストップの支援を組立て、地域の社会資源とつなげることによって、「地域社会における女性のエンパワメント支援システム」のネットワークを構築することである。

(2) 課題

男女共同参画センターの多くは公設公営や公設民営で運営されており、約三分の一が指定管理者制度を導入していることからも、受託機関や実施事業の制約がある。行政に拠る予算は潤沢ではなく、人員配置等が十分でないところもある。重点テーマは、国内外の社会動向や男女共同参画計画にもとづき変化する。社会的サポートが届きにくい非正規シングル女性や若年女性の暴力被害、ＤＶを受けた母子の包括的支援等の喫緊の課題も表出している。現在、男女共同参画センターで実施されているひとり親支援事業の多くは、離婚やＤＶを受けた女性が対象になっているが、未婚や死別のひとり親支援など、母子世帯の背景や多様な家族のありかたを念頭に置いた講座も必要であろう。限られた予算の中であれもこれも取り組むことはできないので、地域の男女共同参画センター間で相互に補完しあい、民間のＮＰＯ・団体等と協働するなど一層のネットワークが必要である。

そのつなぎ手となる職員の課題把握と企画力、地域の多様な団体等との連携・協働体制がキーとなり、専門的知識を有する職員の確保・育成や専門的能力の維持・向上が一層必要である。

予算や人員の面では、男女共同参画センターを取り巻く環境は必ずしも明るくはなく、地域によっては厳しいところもある。そういった状況の中で効率的な運営を求められているセンターは、女性のエンパワメントと地域の男女共同参画の拠点として、本来の役割を果せているのだろうか。そもそも役割を果せる条件が整備されているのか、という視点でそのあり方を検討し、評価していく必要があると考える。

〈注〉

（１）このデータベースは、女性関連施設のスタッフとしてＩＤをもつメンバーのみがアクセスでき、一般には非公開である。

（２）Dress for Success: https://dressforsuccess.org/

第6章　日本の移住女性ひとり親家族支援

朴　君愛

1　支援の現場の声を聞く意義は

近年、市民団体や研究者による「移住女性」に焦点をあてた発信が増えてきた。「移住女性」とは、国境を越えて労働や結婚などで移住（一時的な移動ではない場合も多く、移民と言うべきかもしれないが）してきた女性を意味する。移住女性は、従来、外国人という切り口からも、女性という切り口からも捉えられることが少なかった。しかし、不可視化され複合差別を被ってきた存在として、ようやく、関心が向けられるようになってきた。

しかし、同じコリアンであっても、私のように日本で生まれ育った「在日」コリアンと、韓国からの「移住女性」とは経験が違うと感じてきた。移住女性である彼女たちの場合、韓国で教育を受け、日本語が母語でないために職業が限定され、日本社会にも在日コリアン社会にも馴染むことができず、「在日」からも見下され、また、離婚後に韓国に帰っても経済的に立ち行かないという話を幾度も聞いてきた。

移住女性で、そこに「ひとり親」というマイノリティの特性が加わった場合は、さらに生きづらさが増し、生活困難に陥る傾向が高いように推察される。しかし、ひとり親家族を支援する公的な機関において、移住女性のひとり親家族支援は、あまり進んでいるとは言えないのが現状である。

「労働力」としての外国人の受入拡大を図る政策に応じて、日本の外国人人口は新型コロナ・パンデミックによる外国人入国制限の影響などにより減少したとはいえ、二〇二一年末の政府の統計でも二七六万人あまりとなっている［法務省 2021］。移民／移住者が新たに家族を形成する中で、多様な家族の一つとして移住女性のひとり親家族も増えていくことが予想される。しかし、移住女性のひとり親にとって、日本社会におけるジェンダー不平等の構造的な問題や外国人不寛容の意識が変わらなければ、直面する困難な状況は変わらないだろう。

本章では、移住女性のひとり親家族が直面している課題は何か、必要としている支援は何かを確認し、彼女たちのニーズに対して支援側が行なっている支援を詳細に捉えて課題を明らかにすることにより、今後の有効な支援策について問題提起を行ないたい。

2　データはどこに？

ひとり親として二〇歳未満の子どもを育てている移住女性の実数を捉えることができるのは、唯一、国勢調査のオーダーメイド集計だけである。高谷幸によると、二〇一五年の母子世帯数は、日本籍七三万四三四〇世帯、韓国・朝鮮籍四〇三〇世帯、中国籍四二八〇世帯、フィリピン籍七九九〇世帯、ブラジル籍一七六〇世帯、タイ籍七〇〇世帯と推定されている(1)。

母子世帯の母親の国籍別の就労上の地位を見ると、日本国籍の正規職三四・九%、非正規職四〇・九%である。次いで、韓国・朝鮮籍の正規職一四・四%、非正規職三九・七%、中国国籍の正規職一七・五%、非正規職三七・一%、フィリピン国籍の正規職九・八%、非正規職五八・九%、ブラジル国籍の正規職一四・二%、非正規職四一・五%、そして、タイ国籍の正規職四・三%、非正規職五一・四%である(2)。日本人の母子世帯の母親の場合も、正規職の比率が四四・三%と低く、多くが非正規職のため経済的な困難にあるが［厚生労働省 2017］、外国籍の母子世帯の母親たちの正規職の比率はさらに低く、非正規職の比率が高く、経済的な困難はより深刻であることが推察される。

ちなみに、厚生労働省の統計によると二〇一九年において、総婚姻数五九万七件中、夫妻の一方が外国籍のカップルは二万一九一九件（三・七%）、そのうち、夫が日本国籍で妻が外国籍のカップルが一万四九一一件（国際結婚のうち六八・〇%）であった。国際結婚の妻の国籍を多い順でみると、中国四七二三件（三一・七％）、フィリピン三六六六件（二四・六％）、韓国・朝鮮一八七八件（一一・三％）、タイ九八六件（六・六％）、ブラジル三一八件（二・一％）と続く。

他方、離婚については、夫妻の一方が外国籍のカップルの離婚件数は一万六四七件（五・一％）である。そのうち、夫が日本国籍で妻が外国籍のケースは七六八一件（七二・一％）であり、妻の国籍は、中国二六七八件（三四・九％）、フィリピン二三九二件（三一・一％）、韓国・朝鮮九六〇件（一二・五％）、タイ四四二件（五・八％）、ブラジル八七件（一・一％）と続く［厚生労働省 2019］。

3　外国人支援団体の取組み

私たちは、二〇一八年八月〜二〇一九年一一月にかけて、公的機関以外で、移住女性のひとり親家族の相談に積極的に対応している市民団体や個人の活動家を訪問し、最終的に一一の団体や個人から話を伺うことができた。ただし、一一団体のうち掲載許可をいただいた団体のみ表6‐1（巻末二〇四〜二〇五頁）に掲載する。(3)

結論から言うと、一一団体のうち、ひとり親家族に特化して支援活動をしている団体はない。移住女性、移住労働者、難民などを含む在日外国人全体を対象とする支援を行なっている「外国人支援団体」が七団体、移住女性に絞って支援している団体が三団体、そして、日本人女性と移住女性の両方を支援している団体が一団体である。したがって「ひとり親支援団体」というよりも、「結果として、移住女性のひとり親の支援もしている団体」と位置づけるほうがより正確である。

大半の団体が複数の言語のサポートを伴う支援をしており、勢い、その言語を母語とする人びとが主な利用対象者となる。たとえば、「カラカサン」は、移住女性の当事者が中心になって活動している団体であり、メンバーの大半はフィリピン出身の女性たちであるが、その中に、ひとり親の女性が多いという。また、「ウェラワーリー」は、タイ出身の移住女性の当事者が代表を務めている。

4　求められる支援と社会の課題

支援団体によると、いずれの相談者も、「ひとり親家族だから……」ということで相談に来ることはないという。しかし、家族のことを聞く中で、ひとり親家族ということがわかったり、相談の過程で離婚してひとり親になったりする人も多いそうだ。団体によって違いはあるが、当事者が求める共通の支援と、支援を求めざるをえない社会の存在が見えてきた。

(1) 日本語の壁

何よりも言語の壁が大きい。ひとり親になって、あるいは、プレ・シングルの段階で、移住女性が、公的機関ではなく、民間のひとり親支援団体でもなく、いずれかの外国人支援団体に相談し、支援を求める最大の理由は、日本語の壁が立ちはだかるからである。世間では、彼女たちは日本語に囲まれて生活しており、夫やパートナーの大半は日本人であるから、日本語での相談で大丈夫と思われがちである。しかし、日常の言葉が話せることと、法律や医療などの専門用語が理解できることとは違う。社会保障や税制度など行政用語は日本語が母語の人でも難しい。行政機関のウェブサイトに役立つ情報があっても、そこにアクセスするのはハードルが高い。多言語で情報を提供している自治体も増えているが、自分が理解できる言語の情報がどこにあるかがわからない人が多い。ましてや、自分の人生にかかわる難題を相談する際には、母語で相談できることの安心感は大きい。

通訳サポートを中心にしている支援団体では、時には、行政担当者から行政機関に相談に来た人の通訳を依頼されることもある。自治体によっては通訳費用の予算を確保し、支援団体と委託契約をして対応しているところがあるが、全く予算化されていない自治体からも通訳をしてほしいという相談があるという。

(2) DV被害の相談

いくつかの団体は、外国人女性のDV被害者の支援活動をスタートしている。のみならず、他の支援団体でも、配偶者やパートナーから暴力を受けて相談に来る移住女性が後を絶たないという。DV相談の時点では、離婚をしていないが、相談を進めていく過程で離婚するケースが多く、子どもがいる割合も結構高い。支援団体のスタッフたちは、母親とともに、その子どもたちの成長をも折にふれて見てきたという。

DV相談は緊急の対応が必要な場合もある。支援側は、先々のことを考え、子どもがいれば一緒に逃げるようにアドバイスをする。そして、公的機関につないで一時保護施設に入所するか、民間のシェルターや短期の住居借り上げなどの支援を受けるか、本人の希望や経済的な状況を勘案し相談しながら支援をすすめていく。

ただ、一時保護所や母子生活支援施設など公的な保護施設は、移住女性に敬遠されがちだという。その理由として、施設によって規則が違うのだが、概ね入所とともにスマホなどを預けなければならなかったり、厳しく管理されたりするという噂があったり、子どもの通学が不便、生活習慣や文化の違いがある、などが挙げられている。移住女性にとってスマホは、本国の家族とお金がかからずに連絡を取れる手段なのである。保護施設側に対して、規則について利用者が納得できるような丁寧な説明が必要との声や、規則の見直しなどが必要という声があった(4)。

(3) 離婚手続きの相談

一九八〇年代後半頃から在日外国人を支援してきた人びとの話によると、当時の移住女性をめぐる大きな人権問題は、タイやフィリピンなど東南アジアからの人身取引（人身売買）であった。この問題は、日本国内でも国際社会でも注目が集まり、日本政府もビザ発給に対し審査を厳しくするなどの対策を講じた結果、根絶したわけではないが、人身取引の被害者からの相談は減った。代わって、離婚などの家族問題の相談が増えたという。

移住女性の在留資格が「日本人の配偶者等」であれば、離婚すればその在留資格はなくなる。ただし、「日本で日本国籍の子どもと同居して養育する」ことで「定住者」の在留資格を得られれば、引き続き、合法的に日本で暮らすことができる。それゆえ、子どもの親権・監護権の問題は、移住女性にとっては離婚後の生活に決定的な影響を及ぼす。

DVから逃げた状態で離婚を希望する場合、彼女たちの多くは夫と円満に協議離婚することは不可能で裁判離婚になる。家庭裁判所での手続きや、日本と出身国の法律知識などが必要となり、離婚等の手続きには通訳や翻訳のサポートが不可欠である。いくつかの支援団体は、そうした情報提供を含めた支援を行なっている。

他方、移住女性が「無断離婚」されるという事件も起きている。日本の協議離婚は、夫婦の一方が無断で離婚届を出しても形式が整っていれば受理されるという問題がある。移住女性がこうした日本の法律や日本語がよくわからないために、知らないうちに、日本人の夫から離婚されていたという相談が寄せられ、支援団体が中心になって社会に問題提起しているといった事例もある［二宮・松本 2019］。

（4）夫との死別と相続問題

ひとり親になる理由の一つに配偶者との死別がある。一九九〇年前後に、当時二〇代、三〇代で結婚を機に来日した移住女性は、日本人の夫と年齢差がある場合も多く、年月の経過とともに、日本人の夫たちが高齢になって死亡するケースが増えている。夫の死後、夫の親族との遺産問題などの相談があるという。東アジア・東南アジアからの結婚移住の場合、夫の死後、遺った親族が、移住女性は貧しい国の出身ということで優越意識をもって対応することもある。また、移住女性が日本の法律や慣習がわからないことから、自分が不利な状況に追いやられているのではという猜疑心から相談にきた事例もあったと聞く。

（5）難民やオーバーステイのひとり親女性

移住女性の中でも一層困難な、そして、一番多い相談は、超過滞在などの非正規滞在となっている人からの在留資格に関するものである。たとえば、同居していた男性に「捨てられ」て、ひとり親になったケースがある。子どもが、日本人の男性との婚姻中に出生していたり、認知されていたりすれば、子どもは自動的に日本国籍を取得するので公的機関につなぐことができる。しかし、本人に在留資格がなければ最低限のセーフティネットにもアクセスできないことが多く、子どもがいる場合には、命にかかわる問題も生じうる。

本国で家族がバラバラになり、来日して難民申請をしたものの認定されず、仮放免のまま就労も認められず、精神的に追い詰められたアフリカ出身のひとり親女性のケースがあったという。日本は、先進国の中では難民の受入れが厳しい国として有名であるが、二〇一八年時点で、一万人以上の難民申請のうち、難民認定はわずか四二人と、一％以下であった。(5) 難民の中にもひとり親女性と子どもがいるという事実を押さえておきたい。

(6) 子育てに関する相談

移住女性とその子どもとの関わりでは、日本の学校制度がよくわからないという問題がある。日本人の夫がいる時は、夫が学校からのお知らせも含めて対応してくれていた。しかし、ひとり親になると、すべて一人で対応しなければならなくなる。小学校三年生ぐらいになると、漢字がわからなくなり、学校で習う内容についていけないという移住女性のひとり親もいる。また、民族的なアイデンティティをめぐる親子の葛藤もある。

経済的に困窮している移住女性ひとり親には、子どもの進学の壁がある。高校の奨学金制度を知らずに、子どもの高校進学は無理と思っていた移住女性に対し、ある支援団体が情報提供して奨学金申請に間に合ったという。子どもの大学進学への壁はさらに高い。

5　支援に必要な視点

(1) 同行通訳支援の必要性

移住女性のひとり親に限らず、すべての移住者・移民にとって、「同行通訳支援」は重要である。同行先としては家庭裁判所や役所などの公的機関が多い。移住女性ひとり親によると、「一人で行っても、求めるような問題解決は、ほとんど到底無理」、「支援者が行くと、（公的機関の担当者の）態度が違う」、「生活保護を申請しても、通訳がいないと門前払い」などの対応をされたという。言葉の壁があり、日本社会のなかで偏見や疎外感を感じてきた場合もあり、しかも、行政用語が難しいだけではなく、日本の社会保障や税制度は出身国とは違っていたりする。このような状況を、行政担当者は意外と知らないかもしれない。

誰が通訳するかに関して、離婚のようなプライベートな内容や健康にかかわる相談は、同じコミュニティの人が通訳するべきではなく、ましてや家族は避けるべきであるという。

同行通訳支援としての通訳では、なによりも、アドボケーターとしての役割が期待される。アドボケーター、すなわち、「権利擁護者」とは、当事者の言葉を正確に通訳するとともに、当事者の発言や態度に関わって社会的あるいは文化的背景を説明し、当事者のニーズが公的機関に伝わるように、公的機関が当事者の状況を理解できるようにコミュニケーションを促進する役割であると解される。

(2) 専門的知識の必要性

移住女性の場合、「帰化」などによって日本国籍を取得していなければ、離婚、死別、あるいは非婚での出産に伴い、出身国の法律との関わりが出てくる場合があり、また日本の家庭裁判所、入国管理事務所、行政機関などでの手続きが必要になる場合もある。当事者自身が何をどうしたらよいかわからないというケースもある。支援団体は、日本の法律はもとより、当事者の出身国の法律の知識も必要となる。実際に、長年、支援活動をしてきた人は、現場の経験の中で専門知識を蓄えてきたスペシャリストである。ボランティア精神だけでは務まらない活動であるにもかかわらず、その重要性が、日本社会に広く理解されているとは言いがたい。

ひとり親女性の支援という面では、カウンセリングの知識とスキルが求められる。ある支援団体は、スタッフのスキルアップのために、定期的にカウンセリングに関する研修を受ける機会を設けて、精神面にも配慮した、上から目線ではない支援に務めているという。

(3) 孤立しがちであることへの理解

移住女性は、国境を越えて移動するので、自分の定位家族(自身が生まれ育った家族)や昔の友人は近くにはいない。知人や親戚が日本にいるとも限らない。そのため、母国の言葉、習慣、文化と異なる日本社会で生活するうえでの支援が必要となる。しかし、支援団体は、都市を中心に活動しているところが多く、地方へ移住している移住女性たちは支援団体とつながりにくい。地方でも、エスニック・コミュニティが作られていて、日常生活の情報交換や相互扶助などの機能を果たしている地域もあるが、ひとり親女性が参加しやすいとは限らない。どのような地域であっても、離婚経験者やひとり親を含む多様な家族に対する抵抗感が薄くなることが必要である。

「カラカサン」と「神戸外国人救援ネット」では、同じような背景や悩みを抱えていたり、共感できる人同士が集まったりする居場所づくりに取り組んでおり、周辺地域の移住女性に参加を呼びかけている。しかし、移住女性たちが定期的に顔を合わせて継続的に活動することは容易ではないようであり、顔を合わせて集まる場だけではなく、ＳＮＳによるコミュニティなど、当事者同士の新たなつながりの場が必要である。

（４）出身国の家族規範や社会に対する理解

東南アジア出身の結婚移住に関わるキーワードとして、「仕送り問題」がある。移住女性たちは、母国より経済的に豊かな国へ結婚移住することで、母国の家族から仕送りを期待される。定位家族の医療費や老後の生活は、結婚移住や海外出稼ぎの家族が頼みの綱である。一方、日本人の夫の中には、妻が働いているとしても自分たちの家計から妻の実家に送金し続けることに抵抗感を持つ場合がある。

時には仕送りが離婚の原因にもなるようだ。

関連する問題として、ひとり親になった移住女性は、役所など公的機関から、しばしば「あなたの国に帰ったほうがいいのでは?」と言われるそうである。ひとり親になっても自国に帰らないのは、実家の家族から経済的な期待があるからである。帰国しても、母国では日本での生活より厳しい現実が待っている。帰らないのではなく、帰れないのである。そのような心ない発言は、ひとり親になる過程で精神的なダメージを受けてきた移住女性に対して、追い打ちをかける言葉になりかねない。

支援団体は、アドボケーターとして、公的な支援機関と相談者の間に立った時には、移民女性のおかれている事情についての理解を支援機関側に促している。

また、ある支援団体のスタッフによると、出産時のポルトガル語の医療通訳サポートや外国人対象の子育て事業などの仕事を通じて、ブラジル人のひとり親女性と関わることが結構あるという。日本で生まれ育ち、一〇代で出産し、経済的に厳しい若者が少なくないことや、日本への「出稼ぎ」により家族が離散したり、環境の変化で家族関係がうまくいかなくなり離婚したりする事例もあるという。

日本で「常識」とされる家族規範であっても、移住女性の出身国とは違いがあるのは当たり前という意識を、私たちは持たなければならない。同時に、出身国が同じでも家族によって経済状況が違うし家族の規範も違う。同じ国の出身であっても、「〇〇国出身の人はこうだ」と一面的にとらえるのは、ステレオタイプであり、時にはそれが偏見と結びついてしまうことにも留意する必要がある。

（5）経済的自立を確保できる就労支援

一一支援団体の中で、就労支援のプログラムを直接提供している支援団体はないが、ひとり親の就労支援をしている公的機関につなぐ役割を担っている支援団体は複数ある。支援団体のスタッフは、そうした公的機関との具体的な連携がより一層必要と捉えている。

ある支援団体のスタッフは、ＤＶ被害の移住女性の相談を受けると、離婚手続きや当面の生活のために生活保護申請のサポートまではするが、その先の仕事の選択肢が広がっていかないと語る。移住女性の働く場所はあっても、ホテルのベッドメイキング、工場のライン作業、飲食関係など、仕事は限られており、子育てとの両立も難しく、収入は高くない。生活保護を受給する必要がなくなって次のステップに移行するということが、なかなか難しいという。

その理由の一つが日本語能力の問題である。行政によるひとり親のための就労支援として介護職、看護職、簿記検定、パソコンなどのプログラムが提供されているが、いずれも、日本語が相当堪能でないと講習を受けることも難しい。一方、就労しているひとり親が日本語を学ぶ機会を得ることも容易ではない。日本語ができなくても生き生きと働ける職場があればよいが、実際には、当事者の希望や適性と仕事のマッチングは難しい。

移住女性のひとり親の実情を理解し、当事者の希望や適性に合い、経済的自立の可能性がひろがる就労プログラムを提供できる公的な支援策が待たれる。

6　支援団体をめぐる課題

支援団体が、活動を続けていく上での困難として、大きく二点指摘したい。

第一に、活動資金と人的資源の問題がある。支援者が無報酬のボランティアとして、長年活動に関わっていたり、専従スタッフであっても生活できるだけの収入を得られず、兼業で活動を続けていたり、なかには、移住女性当事者が多言語対応スタッフとして低額の賃金で支援している団体もある。それぞれの団体はいずれも、相談のみならず、同行支援なども、原則、無料で対応している。移住女性ひとり親に対する人権侵害事象が多発しており、公的な支援が乏しいなか、移住女性を放置できないとして、いずれの支援団体も厳しい条件の中で支援活動を継続してきたのである。

自治体が出資・設立した国際交流関係の団体として外国人住民の相談事業を実施しているところは少なくないが、全国を見渡したとき、「支援に必要な視点」で、必要なスキルとマインドをもって、移住女性のひとり親家族の支援に取り組めている団体がどれほどあるのか、心もとない。

第二に、次世代への引継ぎの難しさがある。長年、活動を継続してきた支援団体は、現在のスタッフの高齢化を憂慮しているものの、活動予算やスタッフの待遇を考えると、「なり手」がいないという。ＤＶからの保護にせよ、支援には専門性と経験が不可欠であり、善意のボランティア精神だけでは対応できないことは、先に述べた。そういう意味で、次世代のスタッフを育てるシステムが必要であるが、この点も、組織の余裕があってこそ可能となる話である。

これまで、移住者・移民の支援団体の間で、ひとり親家族支援団体、行政のＤＶ相談担当と横の協力・連携の関係を築いてきており、このような支援組織相互のネットワークの構築が、移住女性ひとり親の支援にとって極めて重要であることが理解される。

さらに、現在、国の肝いりで外国人を対象としたワンストップ型の総合相談センターが計画されているが、移住女性ひとり親家族の相談にきちんと対応することを期待したい。

日本のひとり親とその家族が必要とする様々なニーズが、移住女性のひとり親とその家族にも必要なことは言を俟《ま》たない。

本章の終わりに、移住女性を支援する団体として行政機関へ期待する声を列挙しよう。

①日本の移民政策が人権保障を伴うものになること

②行政職員が外国人も住民であるという基本認識をきちんと持つこと

③移住女性に対する支援の理念を向上させること

④民間の支援団体を信頼して連携すること

⑤行政の福祉サービスの外国語での説明は行政予算でするべきであること　など。

移住女性のひとり親の支援については、公的機関をはじめ日本社会が行なうべきことが山積しているなかで、最後に、日々、市民社会の良心として活動している支援者の声をお届けしよう。

・相談する人は「相談できる力」がある。困っているのに「困った」と言えない人がいるのだ。

・できないことだらけだが、来るものは拒まず。一応は聴いてできることはやってみる。

・日本に生きる者として、いわゆるマジョリティの責任というのは常に心にある。

・「利用者・相談者ファースト」で、「最後まで寄り添う」、そして、「自己決定の尊重」……。

〈注〉

（1）髙谷幸氏（東京大学准教授）よりデータ提供の協力を得た。

（2）同前。

（3）インタビューの訪問先を探す際も、報告書をまとめる際も、外国人の権利擁護に取り組んでいる市民団体のネットワーク組織である「特定非営利活動法人 移住者と連帯するネットワーク（移住連）」の関係者やこの組織が発信している資料を参考にさせていただいた。

（4）一般社団法人ウェルク（ＷＥＲＣ）サイト https://www.werc-women.org/support-foreigners/ 『在住外国人ＤＶ被害者支援：支援員のためのハンドブック』などからダウンロードできる。

（5）認定ＮＰＯ法人難民支援協会 https://www.refugee.or.jp/refugee/

第7章　起業はシングルマザーをエンパワーする！

桔川 純子・田間 泰子

1　シングルマザーの起業支援

二〇二一年の日本政策金融公庫総合研究所の調査によると、一八歳〜六九歳の男女で、これまでに事業経験がなく、起業に関心がある割合は一四・九％である。しかし、二〇一七年から二〇二一年まででという期間限定ではあるが、起業した人は一・二％にとどまっている。(1) 米国やヨーロッパの国々に比べて、日本は起業に無関心な人が圧倒的に多い。一方、韓国は、就職できないから起業するという人がいたりする。そんな韓国でも、「シングルマザーの起業」というと、ハードルはぐっと高くなる。

韓国に、「美しい財団」というファンドレイジングで有名な団体があるのだが、もう一〇年ぐらい前になるだろうか、私（桔川）がその財団の知人を訪ねたときのことだ。韓国の建物に入ると、「希望の店申請者面談」という案内板が見えた。近くにある椅子に座って知人を待っていると、一人の女性に話しかけられた。

女性　「希望の店」の面接に来たんですか?

私　いえ、知り合いに会いに来たんです。「希望の店」の面接に来たんですか?

女性　そうなんです。もう、緊張してしまって……。どうしよう。

私は知人を、彼女は面接を待っている間、少し話をした。彼女は、シングルマザーのネットワークで「希望の店」のことを知って、チャレンジしてみようと思ったこと、しかし、合格するのは難しいと聞いているので自信がないということを話していた。聞いている私まで緊張してしまったことを覚えている。名前を聞いたわけでもないので、彼女が無事合格して起業したのかどうかは分からない。シングルマザー支援としての起業支援を行なっていることを聞いて、「目から鱗が落ちる」とはこういうことかと強く思ったことをよく覚えている。そして、ますます「希望の店」に関心をもった。

本章では、韓国で展開されている「希望の店」とはどういうプロジェクトなのか、そして、成功している秘訣は何なのかについて紹介したい。女性たちの新しい可能性について考える手がかりになると思うからだ。

2 韓国初の寄付財団の実践

まず、「希望の店」を運営している「美しい財団」について紹介したい。
「美しい財団」は、二〇〇〇年八月一四日、人権派弁護士、朴元淳《パクウォンスン》氏を中心として設立された財団法人だ。財団の名前は、「世界で最も美しい言葉、〈寄付〉を伝える」という趣旨で付けられたという。そして、スローガンとして掲げている「世の中を変える小さな変化」について、次のように説明している。

「美しい財団」の「小さな変化」は、小さいながらも大きな変化、未来を変化させる意味のあるスタートを意味します。あわせて、公益団体と活動家を支援する中間支援組織としての役割も込めています。「美しい財団」の支援で始まった小さな変化は、団体と活動家の活動を通じて韓国社会の大きな変化につながります。（美しい財団ＨＰより(2)）

二〇二一年度に集められた収益は、約九六億ウォン（約九億八千万円）であるが、多くの人から集められた寄付金は、さまざまな困難を抱えている人たちや、公益事業に取り組む市民団体に分配されている。そして、常に「一％の分かち合い」というキャンペーンに取り組んできている。この一％という意味は、寄付というのは、富裕層だけがするものではなく、誰にとっても寄付行為というのは可能なもので、寄付とともに寄せられる「分かち合いの精神」を醸成し、社会に循環させていこうという呼びかけもあるのだ。

「美しい財団」は設立当初から、透明性ということに重きをおき、財政や寄付金の分配の詳細な報告など、すべてホームページで報告している。

また、「美しい財団」の寄付は、国内だけに留まっているわけではない。二〇一一年の東日本大震災の後、「美しい財団」では市民に呼びかけ、約一千万円を集めて日本に寄付をしたり、京都のウトロに平和記念館を設立するために広く呼びかけ、韓国でウトロのことが知られるきっかけをつくったりしたこともある。

3　韓国初のシングルマザーの起業支援「希望の店」プロジェクト

(1)「希望の店」とは

「希望の店」の原資となっている基金は、二〇〇三年に韓国を代表する化粧品会社、アモーレパシフィックの創業者である徐成煥《ソソンファン》氏の遺産の一部である五〇億ウォン（約五億円）の株式を、遺族が「美しい財団」に寄託したものだ。

徐成煥氏は、手づくりの椿油を販売しながら、一人で苦労して子どもたちを育てあげた母親の姿をみながら育ち、商売のノウハウもそのときに身に付けたという。生前、徐成煥氏は、アモーレパシフィックは母から始まり、母によって成長した企業であり、化粧品販売員のお母さんたちが一生懸命に働いてくれたおかげで、今の会社があるのだと繰り返し語っていたそうだ。徐成煥氏の遺産は、「美しい世界基金」と名付けられ、故人の遺志が最も生かされるようにと、遺族と相談した結果、シングルマザーの起業支援に活用されることになった。導入された方法はマイクロクレジットだ。マイクロクレジットとは、バングラディシュのムハマド・ユヌス氏が創設した「グラミンバンク」の少額融資のシステムである。「希望の店」プロジェクトは、「グラミンバンク」のマイクロクレジットを韓国型にカスタマイズし、シングルマザーを対象とした融資の仕組み、初の韓国型マイクロクレジットとしてスタートしたものだ。

シングルマザーに特化した創業支援プロジェクトは世界でも珍しいが、二〇二〇年一月、「希望の店」プロジェクトは四〇〇番目の店舗「上水洞《サンス》ごはん一食」をオープンさせた。

韓国の失業率は二〇〇三年から現在に至るまで、三%から四%の間を推移し、若者（二〇～二九歳）の失業率は九・八%に達している。就職することも困難であるが、創業して事業を安定的に継続していくことは至難の業だ。二〇一八年一二月に国税庁と小商工人連合会によって発表された自営業者の同年の廃業率は、八七・九%だ。「希望の店」の創業五年後の生存率は、四五・一%、廃業率にすると、五四・九%である。(3) これは、コロナ禍以前の状況であるが、「希望の店」は、一般の自営業者の生存率と比べてもかなり高い。
では、「希望の店」プロジェクトとはどのようなものなのか、具体的に見ていきたい。

(2)「希望の店」プロジェクト

①審査のプロセス

このプロジェクトに申請できるのには、次の条件がある。
・満二三歳以下の子どもを扶養しているひとり親の女性であること。
・具体的な創業計画をもっているひとり親の女性であること。
・世帯の所得が中位所得七〇%以下であるひとり親の女性であること。
「希望の店」は年に三回募集があり、次のような審査手続きを経て応募者のなかから選抜する。
[募集公募]→[書類審査]→[一次面接審査(創業の準備状況)]→[信用照会]→[二次面接審査及び技術審査(業種の専門性)]→[選定審査(家庭訪問)]→[最終発表]
面接では、創業しようとする業種の専門性、自己資金、創業したいという強い意思があるかどうか

を確認する。起業して事業を成功させることは生易しいことではない。審査には「美しい財団」の職員、経営コンサルタントなどの専門家が臨み、申請者がどのぐらいの準備をしているか、どのぐらいの覚悟があるのかを判断する。審査を通過して創業している人たちの経歴を見ると、創業しようとしている業種について、平均して六年～一〇年ぐらいの経験を積んでいる人が多く、年齢も三〇代、四〇代が九〇％を占めている。やはり意志とアイデアだけでは事業を継続していくことは困難であり、経験の裏付けが必要だということだ。

また、「希望の店」プロジェクトは、ソウルだけではなく、ほかの四つの都市にも拠点がある。ソウルでは「美しい財団」の本部が事業を担っているが、地方都市では、地域の事情に精通している地域の団体がパートナー団体として事業を担当している。現在、地方都市では、（社）大田《テジョン》マウル企業連合（マウルは韓国語で村、まちの意味）、（社）大邱《テグ》社会研究所、韓国女性経済人協会光州《クァンジュ》支会、釜山《プサン》広域自活センターがそれぞれの地域で「希望の店」プロジェクトを、地域の状況に合わせて推進している。

②当事者と伴走する「美しい店」の支援

審査を経て選抜された人は、一％の金利で最大四千万ウォン（約四〇〇万円）の貸付をしてもらえる。返済の条件は、据え置き期間三カ月、返済期間八年である。

創業に当たっては、専門の創業コンサルタントがサポートし、立地や地域の状況を分析し、どの場所に店舗を開店するのがよいのか、当事者とともに決めていく。

大半の応募者は、起業の経験もなく、事業計画書を作成したこともない。そもそも実効性を伴う事業計画書を作成すること自体が難しい。そういった点に配慮し、申請書のなかの事業計画書は、書式に沿って記入していくことによって、マーケティング調査ができるように項目が工夫されている。

申請書には、店舗を開こうと思っている地域の流動人口の動向や、類似した事業者の主力商品、価格、顧客数から始まって、実際に創業した際の必要経費、販売戦略に至るまで、細かく記入するようになっている。したがって、申請書類を作成するために、立地の調査、マーケティング調査などを必然的にすることになる。この申請書は、中間支援としての「美しい店」が培ってきた経験を凝縮したものであると言っても過言ではない。

合格した人たちは、最初に作成した事業計画書をたたき台として、専門のコンサルタント、「希望の店」の担当職員とともにディスカッションをしながら立地を決定し、さらには内装、商品開発といった具体的な作業を進めていく。

③持続可能な事業にしていくための支援

いよいよ創業に至ったとしても、それはあくまでスタート地点に立ったに過ぎない。本番はここからだ。

「希望の店」を業種別にみると、外食業二〇％、美容業三四・八％、サービス業（カフェ、洗車、ネイル、スキンケア等）二〇％、教育業一一・二％、卸売り業一四・二％という割合になっている。前述のように、創業者は、開業した業種でそれなりの経験を積んでいる場合が多いが、いざ自分で経営をしていくとなると、課題は限りなく出てくる。「希望の店」は、起業を通じてシングルマザーが経済的自立を目指すものである。安定的で持続可能な経営を目指すために、現在では四種類の支援事業が行なわれている。

◎経営支援……「希望の店」担当者による管理、専門家によるマーケティングと経営支援
◎メンタルケア……専門家による心理相談、「希望の店」創業者たちの自助グループづくりへの支援
◎教育……経営、リーダーシップ等の教育、スキルアップ支援
◎ローンの返済の管理……職員による資金管理のフォロー

「希望の店」の社長たちは本当に忙しい。時間などは自分でコントロールができるとしても、自営業者は誰かに雇用を保証されているわけではなく、休暇を取るよりも、その時間をも惜しんで稼ごうとする場合も多い。そのような人たちのために、「美しい財団」では、あえてキャンプなど、子どもと一緒に過ごせるような「希望の店」ツアーを企画したりする。経営の悩みを共有したり、専門家とのマッチングを行なったり、同じような立場の女性たちのネットワークをつくったりという中間支援

的な仕事が「希望の店」の女性社長たちをエンパワーしている、という仕組みがあったのだ。しかし、残念なことにコロナ禍で中断してしまった。最近では、自らの健康管理を怠りがちな社長さんたちのために、健診を受ける機会の提供という事業を進め、受けない場合は担当者が何回も確認するのだという。

4　分かち合いの循環をつくる「希望の店」

「美しい財団」は個別の「希望の店」を大々的に宣伝はしていない。それは、社長がシングルマザーだからだ。「希望の店」＝シングルマザーというレッテルが貼られてしまうことを気にする人たちが多い。それは、韓国社会において、いまだにシングルマザーへの差別や偏見が根強く残っていることの表れでもある。廃業してしまっている店舗ももちろんあるが、四〇〇人のシングルマザーが創業をしたということは特筆に値する。

こういった偏見や差別を乗り越え、「希望の店」の看板を掲げている店を紹介したい。

チゲのお店を創業した社長のキム・ヒスンさん（仮名）は、地方都市からソウルに出てきた。地方都市では、離婚した女性に対する差別がひどく、いづらくなったからだ。ソウル市内で家を借りて、その地域の区庁舎に行ったときに、彼女は担当課の職員から「希望の店」プロジェクトを紹介された。もともと料理が好きで給食センターで働いていた彼女は、飲食店の創業にチャレンジすることを決意し、申請書を作成した。店舗は大学の近くに出そうということは決めていた。なぜならば、当時、小学生の娘が店に来たときに、大学生のお兄さん、お姉さんに囲まれていい影響が得られるのではないかと思ったからだ。その予想は的中した。学校が早く終わったときに娘さんが店に来ても、宿題をみてくれるお兄さんお姉さんがたくさんいたのだ。飲食店を切り盛りするのに忙しい母親が面倒をみることができなくても、寂しい思いをしなかったという。

キムさんは、店舗は大学の近くと決めていたが、大学はあちこちにある。当初、キムさんは別の大学の近くに店舗を構えようとコンサルタントの人とも相談して、物件も決めたところだった。ところが、数日してコンサルタントの人から連絡があった。コンサルタントは、その後、もう一度確認するために、一人でその物件を見に行ったときに、近くにある建物の地下に人気のあるビュッフェの食堂があることを発見したというのである。強力な競合があるからやっぱりやめた方がいいという内容の連絡だった。契約直前でまたゼロからのスタートになってしまったが、あのときにその連絡をもらって、本当にありがたかったとキムさんは語っている。現在の店舗に決めた経緯が伴走的な支援を象徴している。時には徹夜の議論になったこともあったが、コンサルタントと担当職員が自分のことのようにいろいろ親身になってくれたと彼女はよくその話をする。その話を聞くたびに、起業は難しいかもしれないが、このような支援があったら、起業が成功するのかもしれないと思うのだ。

キム社長のメニュー開発などのたゆまない努力により、お店は滞りなくローンを返済し、お得意さんも増えてきている人気店だ。コロナ禍の前までは、子どもの日、クリスマスのときに、地域の児童養護施設の子どもたちを招待し、大学のボランティア学生とともに、ゲームをしたり、チゲをふるまったりするイベントを行なってきた。

キムさんが旅行で日本に来たときに、日本の人たちに話をしてもらったことがある。そのときに、彼女は次のように語っていた。

こうやって娘と旅行に日本に来ることができるようになったのも、「希望の店」のおかげです。大学が休みのときは売上も減るので心配になったりもしますし、これまでにいろいろ失敗もしましたが、学生が好きなメニューを開発する努力をしたら、またお客さんが増えました。腰を痛めたときに何週間か店を休まないといけなくなってしまったことがありました。その時は、お客さんがもう来なくなってしまうのではないかと本当に心配でした。でも、久しぶりにお店に行ったら、入口に「お母さん！大丈夫ですか？私たちが待っていますから、早く治してまたおいしいチゲを食べさせてください」という手紙が貼ってあって、私は本当に感激しました。こんな幸せをもらったのだから、今度は、私が誰かを少しでも幸せにする機会があったらいいと思って、子どもの日とクリスマスのときに子どもたちを招待することにしたんです。(4)

「美しい財団」が理念として掲げている「分かち合いの循環」が、自然な流れとして実践されているのだ。

5 コロナ禍での奮闘

二〇一九年の年末から、新型コロナウィルス感染症の世界的な流行は、例外なく韓国にも大きな打撃を与えた。「希望の店」の状況を見てみると、廃業が増えてはいるが、開業件数は変わりなく、完済している人も着実に増えているようだ。二〇二一年を基準に、「希望の店」の生存率は七一%、償還率は七七%である。これは、一般の自営業者の生存率と比べてもかなり高い数字だ。

コロナ禍の危機を乗り越えるために、「美しい財団」も「希望の店」への支援を行なっている。一件あたりに一〇〇万ウォン（約一〇万円）の助成をしたが、VMD（ビジュアル・マーチャンダイジング。商品化）コンサルティング、経営全般のコンサルティングが受けられる機会を提供している。その費用四〇〇万ウォン（約四〇万円）は「美しい財団」が負担している。経済的な支援も大きいが、シングルマザーの状況を十分に理解した上でのアドバイスは、コロナ禍でも、事業を継続し、無事完済ができるような後押しとなっている。また、業種別の開業を見ると飲食業が減少している。すでに運営をしている「希望の店」も、途中で業種の変更をしているところもあるという。新たに開業が可能な業種を発掘していくことは、「美しい財団」の今後の課題となるだろう。

表 7-1　希望の店の運営状況

区分	2004～2013	2014	2015	2016	2017	2018	2019	2020	2021	累計
開業	202	29	31	37	35	32	36	36	36	474
償還	23	8	7	12	15	16	8	20	17	126
廃業	33	8	15	17	14	10	17	18	18	149

（2022 年 8 月　美しい財団提供）

表 7-2　希望の店の業種別状況

業種別オープン	2019	2020	2021
飲食	13	6	3
美容	8	5	11
サービス	9	16	15
卸売り・製造	2	5	4
教育	4	4	3
計	36	36	36

（2022 年 8 月　美しい財団提供）

6　希望が循環する起業の仕組み

韓国は、二〇〇六年にアジアで初めて「社会的企業育成法」（사회적 기업 육성법）、二〇一二年に「協同組合基本法」（협동조합기본법）を制定した。社会的に意義のある事業をしている企業は、「社会的企業」として申請し、それが認められると「社会的企業」として認証されて国や地方自治体の支援を受けることができる。また、同じ思いを持つひとが五人集まれば「協同組合」を設立し、法人化することができる。韓国では社会的企業も協同組合も、さまざまな支援を受けられる制度がある。しかし、このような団体は、情報公開が条件となる。そのため「希望の店」の創業者の中には、「希望の店」であることを堂々と語ることを避ける人が多い。それは、韓

国社会のなかで、シングルマザーに対する偏見が強く、差別されることも多いからである。シングルマザーを保護するために秘密を維持し、その条件のもとに支援をしていくのは、民間ではできるが、行政では難しい。しかし、他者を支援していくほど財力や体制が整っている組織はそれほど多くはない。「美しい財団」はそういった数少ない団体の一つなのである。

担当責任者であるキム・エジュさんに、「希望の店」がなぜ必要だと思うのか質問してみた。彼女の答えはこうだ。「『希望の店』は、起業で大成功しようというプロジェクトではないんです。できるだけ子どものそばにいながら、子どもとお母さんが生活を維持し、幸せに暮らしていけるためのものなんです。残念ながら、シングルマザーが、子どもとの時間を守りながら就業することは本当に困難です。ですから、『希望の店』はやはり韓国社会にとって必要なんです」(5)。

「希望の店」は、シングルマザーが創業して運営する店舗の総称でありブランド名だ。成功体験や成功事例の話を聞いても、やはり起業して安定した事業にしていくのは難しいだろう。しかし、最初から無理だと決めつけず、どうやったら実現可能なのかという議論を、膝を突き合わせながらしてみたいと思ったりするのだ。起業が女性たちをエンパワーするということを、「希望の店」の実践が証明しているからだ。

最後に韓国の活動家がよく引用することばを、この文章を読んで下さった方と共有したい。

「一人で見る夢は夢でしかない。しかし誰かと見る夢は現実だ」（オノ・ヨーコ）

7　シングルマザーと起業——もしも日本で起業するとしたら

日本の起業支援制度

「希望の店」のことを念頭に置きながら、では、「希望の店」の応募者が、日本で起業をしたいと思ったら、どのような支援が適しているのだろうかと考えてみた。

日本にも起業支援の制度はたくさんあるが、シングルマザーに特化した支援というものはない。しかし、産業振興や地域振興を目的として、経済産業省、都道府県、市町村、商工会議所などでも起業を推奨し、さまざまな講座を行なっているし、自治体や企業などでもビジネスプラン・コンテストを行なったりもしている。また、女性起業家によるセミナーや、女性の起業を支援する民間のさまざまな組織もある。

自治体の支援としては、東京都と横浜市の例を見てみたい。

①東京都「女性・若者・シニア創業サポート事業」[6]

女性、三九歳以下の若者、五五歳以上のシニアで、具体的に創業の計画がある者か、創業後五年未満の者を対象としている。融資とその後の経営サポートにより、創業を支援する。融資は最大一五〇〇万円まで受けられ、一％の金利、三年据え置きで返済期間は一〇年である。融資後には、五年の間、経営のアドバイスや税理士による決算書の作成のアドバイスを受けることができる。

②神奈川県横浜市「特定創業支援等事業」(7)

対象者は、事業を営んでいない個人で、これから創業を行なおうとする者、または、創業後五年未満の者だ。地域の創業を促進させる施策という位置づけなので、事業の一環として行なわれるセミナーを受講すると、横浜市から証明書が発行され、法人登録の際、登録免許税の減免を受けたり、融資の利率が優遇されるなどのメリットがある。もちろん横浜市内で創業することが前提だ。

③さまざまな起業支援

そのほかに、起業支援、返済義務のない補助金や助成金、女性起業家向けコンペティション、起業後のメンター制度などさまざまな取り組みがある。近年、中小企業庁には女性・若者・シニア対象の起業支援枠があり、上記の東京都のようにこれを利用した取組みが、各地の自治体で行なわれている。二〇二〇年からは経済産業省が女性の起業を支援する全国ネットワーク「わたしの起業応援団」を立ち上げている(8)［中小企業庁 2022、EY新日本有限責任監査法人 2022］。

支援制度をチェックしていくと、東京都のように、就業困難な層を中心に支援を行なうタイプや、横浜市のように、地域活性ということを想定して支援を行なうものが多いが、最近では、SDGsの普及にともない、ソーシャルビジネスや、コミュニティビジネスの創業支援なども創設されている。

これらのビジネスは「社会課題」や「地域の課題」を解決することがミッションとなるわけなので、

たとえばシングルマザーの居住支援をするソーシャルビジネスなどはあっても、シングルマザーが自ら起業するときに有利かといえば、そういうことではない。ソーシャルビジネスは、シングルマザーを取り巻く困難が「社会課題」であり、その「社会課題」を解決していこうということが中心となっているのが現状であるからだ。日本では、「認定NPO法人しんぐるまざあず・ふぉーらむ」などが行なっているような就業支援が、現実的な支援方法だと考えられている（第2章参照）。

エンパワメントとしての女性起業支援

では、ひとり親となった女性の起業を支援するための法律は、本当にないのか。実は、男女共同参画社会基本法（一九九九年制定）にもとづき、男女共同参画社会基本計画（二〇〇〇年〜二〇二〇年（第五次））において、女性の起業は、結婚・妊娠・出産によりキャリアが途絶しがちな女性たちのため、男女共同参画を推進する方策の一つと位置付けられてきた。もちろん、ひとり親となった女性だけでなく、既婚女性や、若い世代の女性たちすべてが、その対象である。(9)

日本における男女間の経済力の格差はまだ大きく、女性の経済力の弱さが母子世帯の貧困に繋がっている。これに対する厚生労働省の給付金制度は、経済的自立を目的として、限られた職種のための職業教育支援しか存在しない。だが本来、個々の女性たちの特性と希望、その時の状況にそったキャリア支援が行なわれるべきである。看護職や介護職など、要するに、これからの日本に必要とされる職種の就業支援は、日本社会中心であって、当事者中心ではない。福祉でいうところのニーズ基盤でさえなく、まして人権を基盤とするものではないのである。「しんぐるまざあず・ふぉーらむ」による就業支援は、その意味で、女性一人ひとりを尊重した支援となっていると思われる。

起業支援も、女性たちが思い描く、自分と子どもと社会の未来を実現するための、エンパワメント支援の一つの選択肢である。私（田間）がインタビューした日本の女性起業家たちのことも、少し紹介しよう。いずれも大阪府堺市のさかい新産業創造センター（S-Cube）[10]の支援を受けた方々である（Aさん、Bさん、Cさん）。

彼女たちが起業した根底には、もちろん、自分自身と子どもの生活費を稼がねばならないという理由があった。だが、それにくわえて、彼女たちは自分の能力を信じ、自分のビジョンを実現したいという意志をもっていた。Aさんは、雇用されて働いているときの出会いによって起業したと言う。運営を任される経験をもち、また、雇用されている間の上司の運営方法を見て、自分ならもっと良いやり方ができるのにと考えるなど、さまざまな経験から学びながら、自らがもっていた経営の能力を育んでいった。Bさんは、自分の起業の「中心」を、「社会がどうやって変わっていったらいいのか」を考えたことだと言う。夫の実家が経営する会社でフルタイムで働きつつ、自分のやりたい料理教室を開くなどの経験を経て、食と福祉と雇用を結びつけて地域の人々の大切な「場」を創出するというビジョンをもって起業した。Cさんは実家が商家で、会社経営が身近なものとしてあった。雇用されて働くあいだにも、資格をとり、大阪府の起業セミナーも受けた。その後、Ｓ‐Ｃｕｂｅの支援を受けて起業した。

自らの能力、さまざまな人生経験、そして出会いを活かして起業した彼女たちではあるが、実際には、起業が成功するプロセスには多くの困難がある。彼女たちの子育てには、彼女たちの親の支援が欠かせなかったし、被雇用者であった時以上に労働時間は長くなった。それを乗り越えていくには、エンパワメントの核となる自己信頼、経営者としての資質と並々ならぬ努力、そして彼女たちの起業の実現を可能にしてくれたさまざまな出会い、支援が欠かせない。しかし、それこそが彼女たちが繋がりのなかでつかみとった、エンパワメントのプロセスなのである。

相互扶助的な働き方をめざして

起業という選択が、日本では難しいのか、それとも「希望の店」のような支援の在り方があれば、日本でもシングルマザーの起業は可能なのか、今後考えていくに値する課題ではないだろうか。

二〇二二年一〇月には、「労働者協同組合法」が施行され、相互扶助的な働き方のモデルとして期待されている。協同労働とは、働く人が自ら出資し、組織の中で合意形成を図りながら、事業を行なう方式である。女性の協同的な労働としては、一九八四年に東京で最初のワーカーズ・コレクティブが設立され、生活クラブ生協の組合員が中心となり、一九九五年に全国組織としてワーカーズ・コレクティブネットワーク ジャパン（ＷＮＪ）が設立されている。労働者協同組合という新たな法人格が取得できるこの制度が、日本でも起業のハードルを低くすることができるのか、注目していきたい。[11]

〈注〉

（1）日本政策金融公庫総合研究所「二〇二一年度起業と起業意識に関する調査」、二〇二二年一月二六日発表。

（2）美しい財団（아름다운 재단）: https://beautifulfund.org/

（3）横浜市主催『ソーシャルネクスト 2018 YOKOHAMA』「美しい財団」発表資料より。

（4）二〇一九年八月五日「東京学習会議」の講座でのインタビューから。

（5）二〇二二年八月二六日「美しい財団」キム・エジュティーム長のインタビューから。

（6）東京都女性・若者・シニア創業サポート事業。https://cb-s.net/tokyosupport/

（7）横浜市特定創業支援等事業。https://socialport-y.city.yokohama.lg.jp/supporting-startups/

（8）女性が経営者になった場合には、各地の商工会議所や中小企業家同友会が女性会・女性部をもっていたり、全国交流会を開催したりしている（全国商工会議所女性会連合会、https://joseikai.jcci.or.jp/about/ および、中小企業家同友会全国協議会、https://www.doyu.jp/）。

（9）女性の職業生活における活躍の推進に関する法律（平成二七年法律第六四号）が、二〇一五年から一〇年間の時限立法だが、これらの活動に活用されている。

（10）S-Cube。https://www.s-cube.biz/

（11）ワーカーズ・コレクティブネットワークジャパン（https://wnj.gr.jp/）。他に、協同的な働き方として、東京ワーカーズ・コレクティブ協同組合（https://tokyo-workers.jp/about_wc/）、日本労働者協同組合連合会（https://jwcu.coop/）やmass×mass関内フューチャーセンター（https://massmass.jp/）を参照した。

第8章　日韓の未婚／非婚母のエンパワメント

田間 泰子

1　日本と韓国の未婚／非婚母の現状(1)

(1) 支援の重要性をとらえなおす

私たちが行なった韓国でのインタビューにおいて、韓国の非婚母や支援者たちは、日本の状況は韓国ほど差別が厳しくなく羨ましいと語っていた。だが、非婚母にとって、日本が当たり前に暮らすことのできる社会かと言えば、決してそうではない。また、このあと述べてゆくが、彼女たちに特有のニーズがある。日本では今、妊娠で困った場合の相談窓口が全国的に広がっており（一般社団法人全国妊娠ＳＯＳネットワーク(2)）、内密出産の支援（慈恵病院こうのとりのゆりかご）や特別養子縁組の支援組織も存在する。しかし、非婚母への支援を明確に目的とする公的な制度は存在しない。そこで、本章では特に当事者たちの語りから、支援の果たす重要性を考えたい。

(2) 非婚母の現状

非嫡出子が出生に占める割合の少なさ

非婚母の現状を知るには、公的統計として「嫡出でない子」(以下、「非嫡出子」とする)の全出生に占める比率、世帯数(母子世帯、および母子とそれ以外の親族を含む世帯)、母子世帯の諸状況の調査が手がかりとなる。

出生に非嫡出子が占める率は、日本では政府が出生を把握するようになった明治時代以降、一〇%以上を記録した時期があるが、一九一〇年代から徐々に減少した。最も低い数値を記録したのは一九七八年で、〇・七七%である。その後は微増し続け、二〇二〇年現在二・三八%、毎年約二万人が生まれている[国立社会保障・人口問題研究所 2022a]。韓国政府による統計は一九八一年以降の数値が公開されており、一九九〇年代中盤以降、日本と同様に漸増傾向となった。二〇二〇年現在、二・五九%で日本よりわずかに多い[3](図8－1)。とはいえ、OECD諸国のうちでは両国が最下位を占めており、増加しつつあるといっても、その比率は非常に低い水準に留まっている[OECD 2018]。

図 8-1　非嫡出子が全出生に占める割合の推移

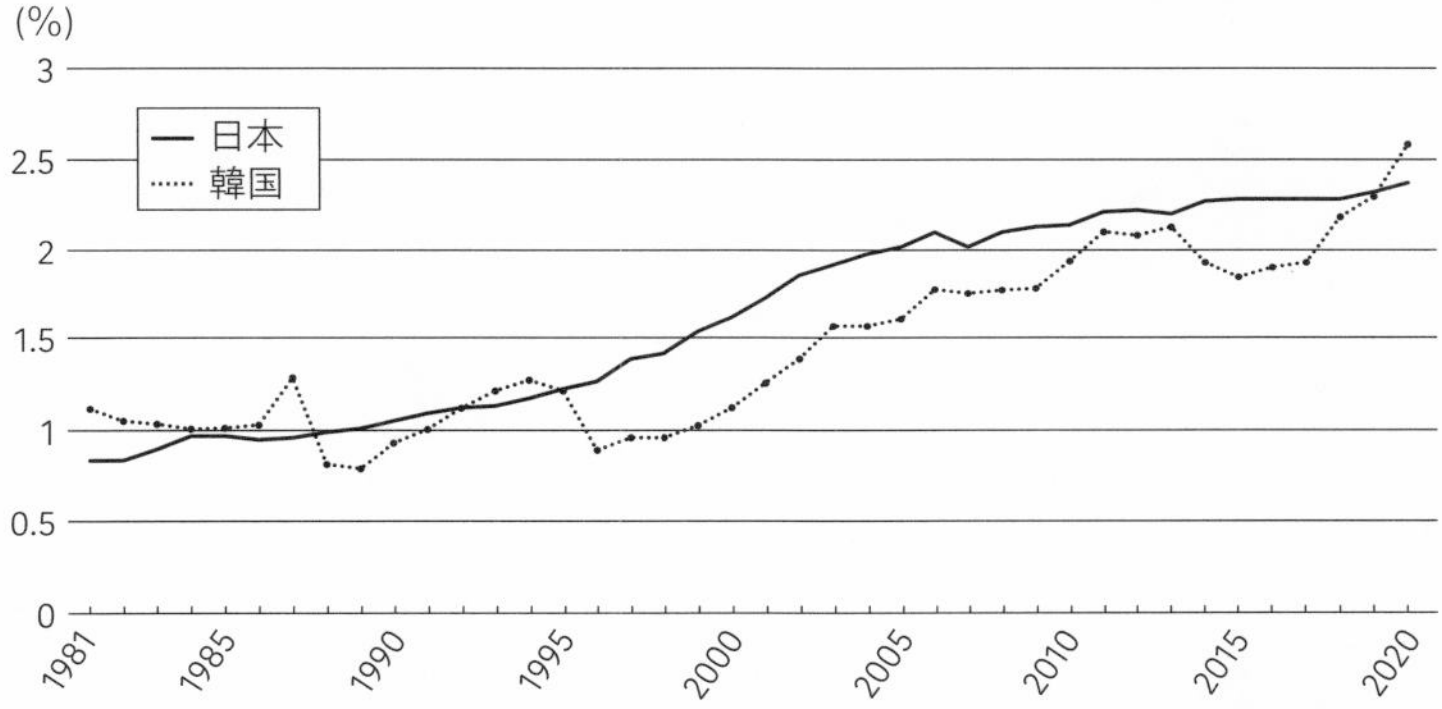

（国立社会保障・人口問題研究所 2022a および KOSIS から田間作成）

両国の異なる歴史

現在、日本と韓国の数値は似ており、その背景にはともに非嫡出子の出生を忌避する規範的な意識があると推測される。しかし、両国には大きく異なる歴史もある。

非嫡出子がとりわけ差別を受けるのは、父系血統主義の社会において、父の認知がない場合である。これを回避するために女性が用いうる手段には、性関係の拒否、避妊や人工妊娠中絶がある。日本では、明治時代に父系血統主義の家制度が敷かれたが、第二次世界大戦後の一九四七年、民法と戸籍法の改正によって制度上は父系血統主義ではなくなった。現実には差別的な意識が残存したし、明治時代から現在まで刑法に堕胎罪がある。だが、第二次世界大戦後の一九四八年制定の優生保護法（一九九六年、母体保護法に改定）によって人工妊娠中絶が条件付きで合法化され、また避妊法の普及により、戦後に非嫡出子の出生が大きく減少した。

他方、韓国では父系血統主義による戸主制が法制度として近年まで存在し、非嫡出子は差別的扱いを受け続けてきた。中絶は、一九五三年から二〇二〇年まで、母子保健法により医療行為あるいは強姦による妊娠の中絶を例外的に合法とし、それ以外は非合法とされて、これが非嫡出子の出産を促していた。また、朝鮮戦争（一九五〇～五三年）によってもたらされた多数の孤児に対して適用されていた海外養子縁組政策があり、一九七〇年代以降、これが非嫡出子に適用されるようになった。この政府方針が転換されて、二〇〇五年の家族法改正、二〇〇七年の家族関係登録法の制定により、国内養子縁組が優先されることになった［姜 2015］。くわえて、二〇二一年一月一日から中絶が合法化され、保険適用による中絶ケアも可能になった。これらの結果、国内外養子縁組件数は減少しており、二〇二一年には五七〇件、そのうち未婚母を事由とするものは国内三八一件中一六七件、国外一八九件中一八八件である［保健福祉部 2022］。

以上をまとめよう。日本では第二次世界大戦敗戦を境として家族関係の法律に大きな変化があった。しかし、戦後から現在までは大きな制度的変化がなく、堕胎罪については戦前から変わりがない。そのような状況のもと、一九七〇年代中盤以降、非嫡出子の出生率が微増していることから、人々の規範意識の緩やかな変容がうかがわれる。他方、韓国では中絶を許さず非嫡出子への差別を是とする戸主制のもとでの海外養子縁組から、国内養子縁組、そして近年は中絶を許容するとともに未婚母自身による養育を公的に支援することへ、制度と人々の価値観が大きく変化している。

世帯数の現状は分からない

非婚母と子を含む世帯数は、両国とも厳密には不明である。未婚母子世帯については，日本では国勢調査があり，未婚母子世帯が二〇一〇年から死別母子世帯より多くなった〔西 2012〕。二〇二〇年の時点で、母子世帯（その他の親族を含む）は九〇万世帯を超えるが、そのうち未婚母子世帯とその他の親族を含む世帯の数は公表されていない〔総務省 2022〕[4]。抽出調査である全国ひとり親世帯等調査では、二〇二一年の時点で、離別七九・五％、未婚一〇・八％、死別五・三％となっている〔厚生労働省 2022〕。いずれにせよ、未婚母子世帯の数は、離別母子の世帯数には及ばないが、死別母子よりも多くなっていると推測される。

韓国でも、未婚母子世帯は離別母子世帯に比べて少数だが、女性家族部が二〇二一年に全国三三〇〇世帯主に行なった調査では、離婚八一・六％、死別一一・六％に対して「その他」（未婚が含まれる）が六・八％であった〔Ministry of Gender Equality and Family 2022〕。死別よりも未婚が若干少ない。また、二〇二一年人口総調査によれば、未婚父母二万六六五二人のうち、未婚母二万三四五人（七六・三％）に対して、未婚父六三〇七人（二三・七％）を占める。より若い世代の三九歳以下であっても未婚父は一三・四％を占めている〔KOSIS 2022〕。これは、父系血統主義の戸主制が近年まで存在したので、子を父の戸籍に属させることが多かったことが原因と思われる。

なお、日本では統計の不備が指摘されていながら［周他 2012、堺 2012、神原 2013］、直近の厚生労働省による全国ひとり親世帯等調査報告では、未婚母子を離別による母子とともに「生別」としてまとめて報告する傾向が続いている［厚生労働省 2022］。この傾向は、未婚母が増加しつつある趨勢に逆行しており、実態の把握を妨げている。

未婚母子世帯の生活水準

生活水準については、日本では母子世帯の貧困が広く認識されるようになっているが、これを事由別にみると死別・離別・未婚で傾向が異なる。田間［2018］によれば、本人収入において未婚母はこれらのなかで最も低い。しかし、世帯収入においては、未婚母は死別・離別と異なった傾向をもつ。死別母子世帯は平均世帯収入が最も高く、かつ世帯収入が高いほど世帯数が多い。離別母子世帯は世帯収入は死別と未婚の中間にあり、正規分布的な傾向をもつ。未婚母の場合、二割五分ほどの世帯が四百万円以上の世帯収入をもつが、他方で二〇〇万円以下の世帯が四割以上を占めているという二つの傾向を示す。つまり、未婚母の母子世帯として公的統計に捉えられている世帯には、相対的に低い世帯収入をもつ母子世帯と、相対的に高収入の世帯収入をもつ母子世帯が含まれる。このような傾向は、死別母子世帯とも離別母子世帯とも異なる特徴である。したがって未婚母を離別母子世帯に「生別」としてまとめてしまわずに、独立に特徴やニーズをとらえるべきである。(5) 韓国では、日本と同様に死別世帯で収入の高い割合が多く、未婚母子世帯で低い場合が多い［相馬 2020］。

（3）非婚母子の未来を考えるために

さらに、非婚母に着目すべき理由として、価値観や性行動にかかわる日本での調査結果を挙げておく［国立社会保障・人口問題研究所 2022a、同 2022b、厚生労働大臣官房統計情報部 2010］。まず、嫡出第一子に占める婚姻前妊娠は二〇〇九年二五・三％で増加傾向にあり、婚前の性行為が普及していることが推測される。また、二五～二九歳女性の有配偶率は三六・二％で、性経験率は六一・三％ある。三〇～三四歳独身女性の同棲経験率は一一・六％で、性経験のある者の一六・一％が「避妊しなかった」と回答している。これらから、妊娠する可能性のある年齢層の独身女性が増えており、性行為の経験や同棲経験も一定存在し、かつ避妊をしていない場合もあることが分かる。その結果として妊娠した場合には、「結婚しなくても子どもをもって構わない」と考える一八～三四歳未婚女性は三四・六％、三〇～三四歳では四〇・八％に達している。これらは複数の調査結果を繋ぎ合わせた推測に過ぎないが、性行動も性規範も、婚姻に関する規範とともにこの数十年の間に変化していることが察せられる。今後、日本でもＯＥＣＤ諸国のように、法的婚姻関係にない家族形成が普及するだろうか。キム・ヘヨン［2013］は、未婚母という存在が、韓国で長く続いた家父長制の変革の行為だと述べている。日本においても、非婚母の問題は、家族規範の変革の問題として捉える必要がある。

と同時に、この課題は何よりもまず，女性たち一人一人のリプロダクティブ・ヘルス／ライツの問題であり、また母子の生存権の問題でもある。死別や離別の場合と全く異なって、非婚母たちは、妊娠を自覚した時点で「中絶」「結婚」「養子」「非婚母」といった多数の選択肢に直面する。そして、彼女たちの選択は、現実に彼女たちを取り巻く社会関係のなかで実践される。本章では、インタビューを通して非婚母たちが周囲とどのような関係性を構築しつつ「選択」を行なうのか、そこに果たす支援の役割とは何かを考える。

2 インタビューから見る非婚母たち

(1) インタビュー調査に参加してくれた女性たち

インタビュー調査への参加者は、日本では出産時に二〇代から三〇代であった八人（Aグループ。出産時期は一二年間以内）、同じく日本で出産時に四〇歳前後であった四人（Bグループ。出産時期一二年間以内三人と、出産時に二〇代だった、出産時期が三〇年以上前の一人）、韓国の未婚母八人（Cグループ）である。日本ではシングルマザー支援の市民団体を通じての紹介、および個人的紹介によった。韓国では未婚母支援組織による紹介である。また、Aグループのなかの三人、Bグループの一人に二〇一八年に再インタビューさせていただいた。

調査協力者のプロフィールは、表8－1A～Cのとおりである（調査当時）。Aグループの八人は全

表 8-1A　A グループのプロフィール

	年齢	子の年齢	出産時の年齢	学歴	職業	本人所得（世帯収入）（万円）	住居	同居家族
A 1	29	6	23	4 大	正規	300（350）	持家	子
A 2	33	妊娠中	33	4 大	派遣	0-50（350）	公営賃貸	胎児とその父、前夫の子
A 3	22	0	22	4 大	無職	0（不明）	両親持家	子、母、妹
A 4	33	5	28	高	非正規	150-200	賃貸	子
A 5	32	0	32	4 大	正規	600-700	賃貸	子
A 6	37	7	30	専門	非正規	200-250（300）	賃貸	子
A 7	34	0	34	4 大	自営	150-200	親から賃貸	子
A 8	38	9	28	4 大在学	非正規	150-200	賃貸	子

表 8-1B　B グループのプロフィール

	年齢	子の年齢	出産時の年齢	学歴	職業	本人収入（万円）	住居	同居家族
B 1	53	31	22	高	正規	200-250	公営賃貸	子
B 2	52	12	39	大学院	契約・嘱託	300-350	公営賃貸	子
B 3	53	11	42	4 大	その他	800-900	持家	子
B 4	49	9	39	4 大	非正規	250-300	賃貸	子、妹

（作成：田間）

国ひとり親世帯等調査と比較すると高学歴である。世帯収入は、同調査と同様に低い世帯が多いが、高収入・正規職の方もいる。Bグループも、高学歴である。世帯収入は低めだが高い世帯も含まれる。Cグループは大学在学中や休学中が多く含まれるが、これは未婚母支援組織による大学卒業を支援するプログラムを受けている人たちがいるからである。住居は、日本では公営住宅への入居のための抽選枠の優先制度を利用し

表 8-1C　C グループのプロフィール

	年齢	子の年齢	学歴	職業	本人収入（万ウォン）	住居	同居家族
C 1	33	5	高卒検定		840	公営賃貸	子
C 2	33	3	高中退	ひとり親支援	960	チョンセ	子
C 3	39	7	大在学	自営業	3 ～ 4,000	持家	子
C 4	29	4	大	会社勤務	1,400	チョンセ	子
C 5	25	5	高	製作 NPO 納品	1,000	親持家	子、両親
C 6	29	5	大在学	非正規	1,800	母子院	子
C 7	25	1	大休学	無職	なし	共同生活家庭→チョンセ	子
C 8	31	6	大在学	カフェのマネージャー	2,000	チョンセ	子

（作成：田間）

ている人がいる。韓国には、未婚母子（妊娠中を含む）のための生活支援施設が複数種類あり、未婚母子に限らず母子家族のための生活支援施設もある。表８－１Ｃの「母子院」「共同生活家庭」はこれらの福祉施設である。(6)

(2) 彼女たちは、いかにして非婚母になったか

日本――さまざまな可能性のなかから選びとる

Ａグループの八人が非婚母になったプロセスを図８－２にまとめた。まず指摘できることは、妊娠しても良いと考えていた三人（Ａ２、Ａ５、Ａ７）以外の五人は、全員が中絶を選択肢として想起したという点である。中絶は、それほどまでに女性たちにとって身近な選択肢として存在する。そのあと、彼女たちは「中絶」や「養子縁組」という選択肢には向かわず、出産を決意し、さまざまな支援を得て養育に至る。

図 8-2　妊娠から養育までのプロセス（Aグループ）

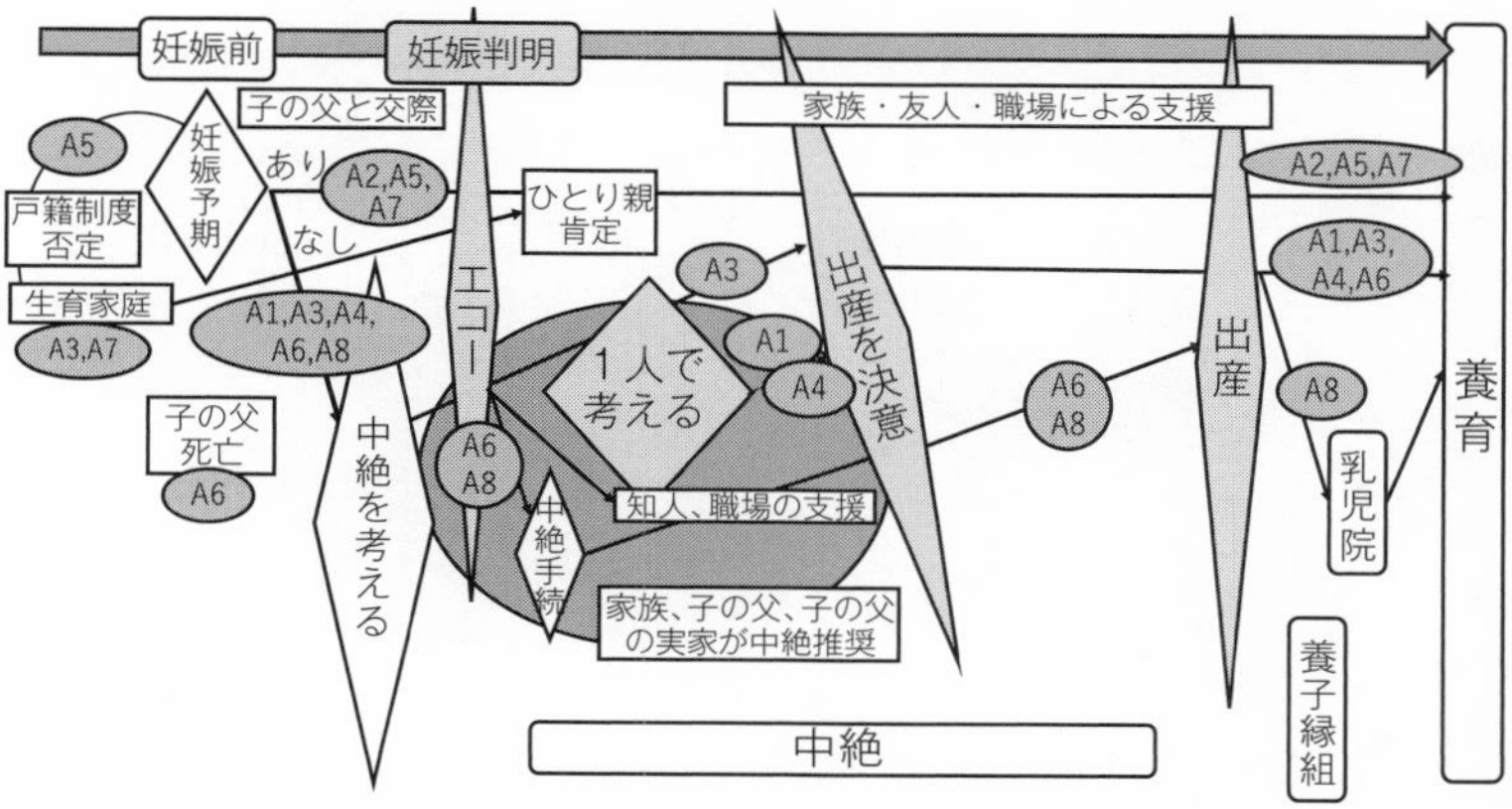

（作成：田間）

図８－３には、特に彼女たち五人が実践した交渉と、その結果の社会関係を示す。彼女たちは、医療機関で妊娠を確かめたあと、周囲の人々に支援を求める。そして、さまざまな拒絶に遭いながらも、出産・養育への支援を得て養育に辿り着く。それは決して簡単なプロセスではない。受け身的に流れに身を任せたプロセスでもない。誰に支援を求めるか、拒絶された時にどうするか、彼女たちはさまざまな「選択」に直面しながら、養育に達するのである。たとえば、Ａ１は結婚予定だったが破談になった。その後に妊娠が判明し、双方の両親から「流れたらいいのにね」などと中絶を推奨されたが一人で考えるうちに出産を決意し、他の人々に支援を求めた。Ａ４も、母から「はよ堕ろさな、大きくなるで」など、自身の実家と子の父から中絶を推奨された。しかし、産みたいという気持ちを守り職場と知人の支援を受けて出産を決意した。Ａ６は恋人

図 8-3 「選択」と社会関係（Ａ１、Ａ３、Ａ４、Ａ６、Ａ８）

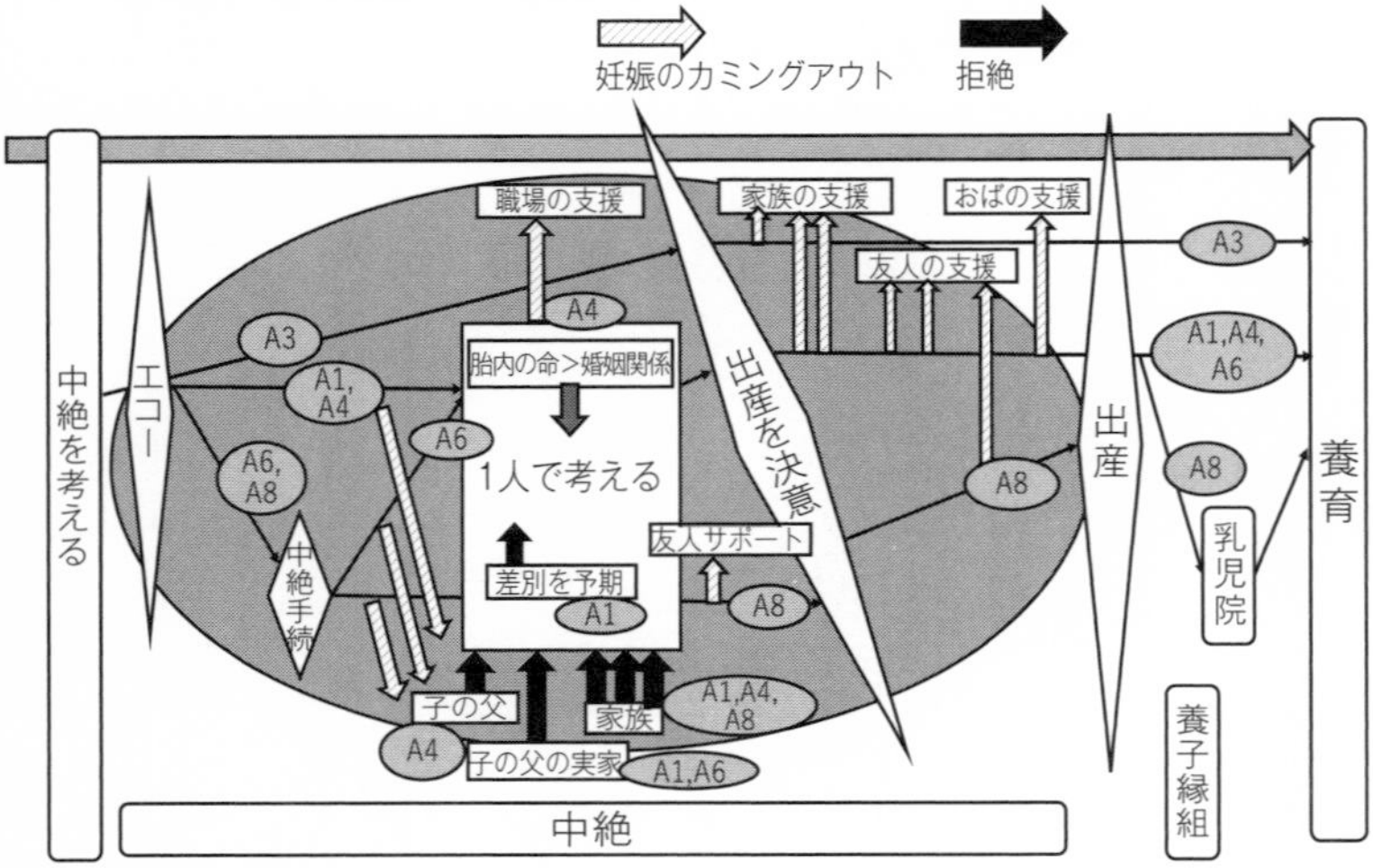

（作成：田間）

と死別後に妊娠が分かった例である。やはり双方の両親から中絶を推奨されて手術の手続きにとりかかったが、そのプロセスで一人で考えなおし、おばの支援を少し受けて出産した。Ａ８は、このグループのなかで唯一、乳児院を利用している。彼女は、妊娠を家族に知らせた時、妹は「何かあったら私が代わりに育ててあげる」とサポーティブだったが、母親がショックを受けてしまったことに拒絶を感じた。妊娠中に友人たちの支援を受けて出産の決意を貫くことができたが、産後に養育を一人で担おうとして担いきれず、乳児院を利用した。その後、友人や家族の支援を得て、子どもを引き取ることができた。Ａ３は、子の父のことを信頼できずに中絶を考えたが、超音波検査で画像を見て出産を決意した。彼女から妊娠を知らされた家族の対応は、妹が「赤飯炊こか？」と言い、母親はA3がどのような選択をしようとも支援する、というものだったため、A3は決意を貫くことができた。どのような選択をしても支援するという表明は、私たちのインタビューのなかでは唯一の例である。

日本――非婚母になるためのさまざまな方策

Bグループ（図8－4）では、妊娠を希望していたケース（B3）は、そのまま周囲の支援の獲得に向かう。妊娠を予期していなかったB2とB4は「中絶」を考えた。ここまではAグループと同じである。しかし、B2とB4は過去の中絶経験を想起し、それは「今度は産もう」という強い意志に繋がって、周囲による反対（中絶の推奨）を忌避して養育に向かう。ここで家族からの拒絶を予想していたのはB2で、彼女は出産予定日の二週間前まで待ってから実家に支援を求めた。B4のプロセスにある⊗も、少し説明しておこう。B4が妊娠を実家に隠して子の父に支援を求めたところ、彼が困って彼女の実家に支援を求めた。そのため、妊娠がばれてしまって彼が両親から「産後三カ月は会うな」と激怒され、結果的には実家の両親が支援してくれることになった、という顛末である。

B2、B3、B4の3人は妊娠中から家族の支援を受けられたが、B1はそうではなかった。彼女は、三〇年以上前に非婚母となった。「妊娠でなかったらいいな」という願いをもちながら、日々、大きくなるお腹を抱え、周囲の誰にも妊娠を告げず、陣痛が起きてから産科の診療所に行き、いわゆ

図8-4　妊娠から養育までのプロセス（Bグループ）

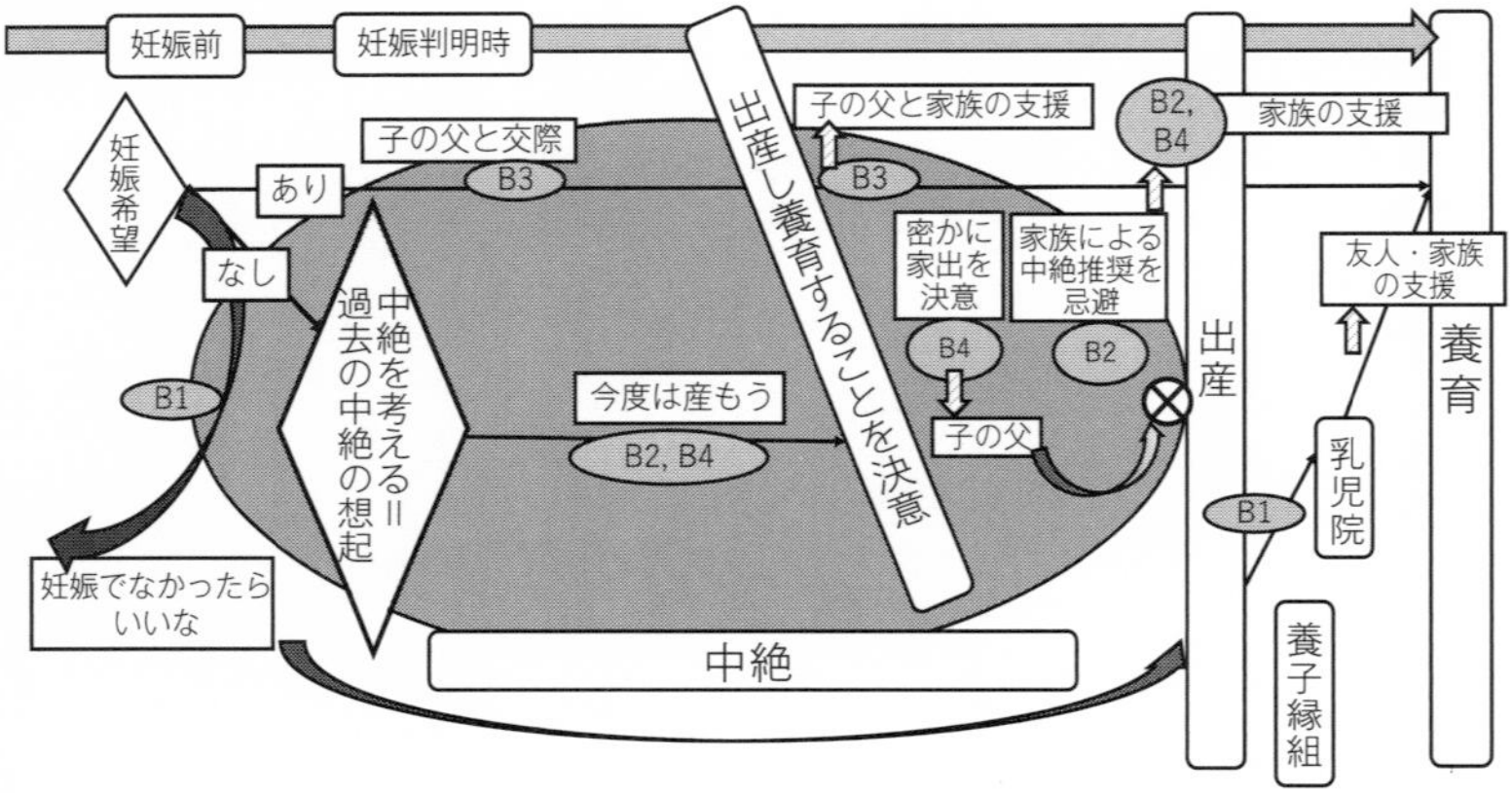

（作成：田間）

る駆け込み出産をした。現代では、このようなケースを「未受診妊婦」としてリスク視しがちである。しかし、この行為を彼女自身の一つの選択として捉え返してみるなら、それは想定される周囲からの反対を忌避する姿勢である。とりわけ当時の日本社会であってみれば、非嫡出子率は一％ほどという少なさであるから、その規範による社会的圧力の大きさが推測される。当時も現在と同じように中絶が身近な選択肢であったにもかかわらず、あるいはより身近だったからこそなのか、Ｂ１が、中絶を勧められる可能性の高い産科を受診することさえ忌避した点を、一つの選択として大切に考えておきたい。

さて、産科医が実家を連絡先として要請したため、Ｂ１の母親が駆けつけた。そして、Ｂ１がわが子の顔を見ないうちに、Ｂ１に相談することもなく、Ｂ１には育てられないだろう、と子どもを乳児院に預けたのである。その後、Ｂ１は友人や職場の支援を得て子どもを引き育てた。Ｂ１の実家も、その後には支援をしてくれている。

韓国――厳しい拒絶とタフな交渉、そして支援の力

Ｃグループ（図８－５）では、過去の中絶経験が日本と同様に出産の強い意志に繋がったケースもあるが（Ｃ６）、全体としては日本のケースとかなり様相が異なっている。

まず、周囲の人々との交渉、特に子の父やその実家との交渉が多く語られた。そして、女性自身の実家や親族、子の父とその実家、職場を含めて「未婚母」への拒絶や差別が、妊娠中も出産後にも多数経験されている。家族に妊娠を伝えたところ、拒絶に遭い、Ｃ４は家を追い出され、Ｃ８は家出した。両親が死亡していたＣ１は叔母を頼ったが、その家族全員が出産に反対した。子の父が中絶を推奨したり（Ｃ４、Ｃ５、Ｃ８）、結婚の約束を反故《ほご》にしたり、婚姻届を出すことを拒絶することもある（Ｃ３、Ｃ６）。そのような場合に、責任を取らせようとして、子の父の実家に住み込んだのはＣ５である。他方、「社会的な視線があまりにも怖くて」（Ｃ７）と、誰にも話せずに悩み、妊娠を隠して就労し続けねばならなかった女性たちもいた（Ｃ２、Ｃ６、Ｃ７）。Ｃ２は、臨月に妊娠がばれて解雇され、自殺を考えた。

また、中絶が日本よりも厳しく非合法だった韓国で、それにくわえて産科医が中絶手術を行なわないという宗教的信念をもつ場合も多く、中絶してくれる産科を探すうちに妊娠六カ月になり、出産を決意したＣ６。中絶費用が高く、「産むしかなかった」と出産したのはＣ４である。

出産後の「養子」という選択肢は、日本よりも身近なものとして経験されている（Ｃ１、Ｃ２、Ｃ６、Ｃ７、Ｃ８）。だが、養子という選択肢は簡単に選びとられるものではない。養子か養育かを悩みながら、未婚母施設に入る女性たちがいる（Ｃ１、Ｃ２、Ｃ７）。出産後に抱いて「目が合った」ことで養育を決意したＣ１。Ｃ７は、妊娠中に自分で養育したい気持ちが「どんどん」膨らんでいったけれども、無理かもしれないと養子も考え、産後に母親に告知したところ支援を得て養育することができた。

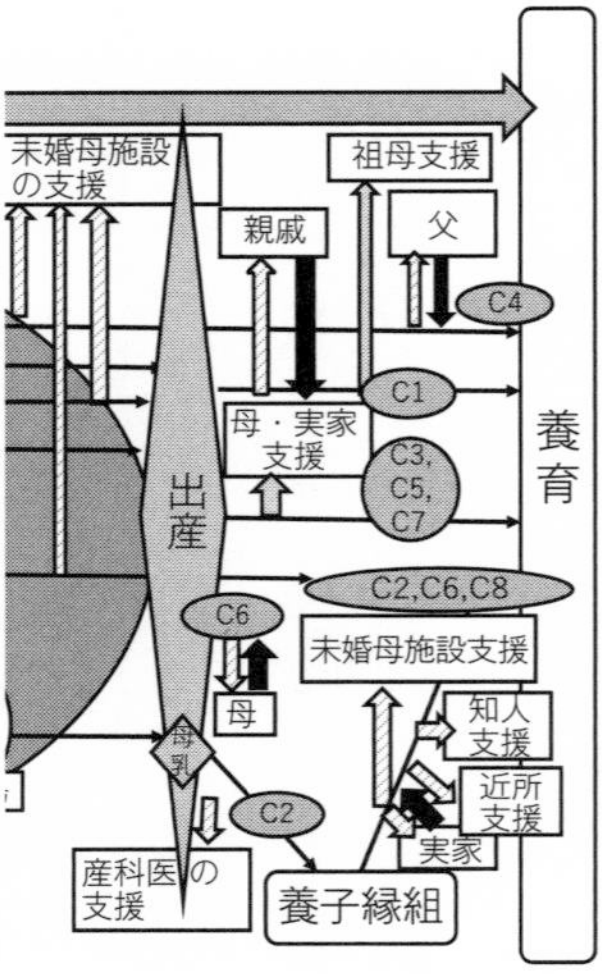

（作成：田間）

なかには、いったん養子縁組をして、のちに非常に苦労して子どもを取り戻して養育することもある。一時、自殺まで考えていたＣ２は一人で産科で出産し、産後一〇日ほどを母子のみで暮らしたあと、限界を感じて出産した産科に相談した。そこで養子に出すことになったが、のちに様々な支援を得て、子どもを取り戻した。この苦労の原因の一つは、非嫡出子の存在を認めず、養子縁組という方法

図 8-5　選択のプロセス（C グループ）

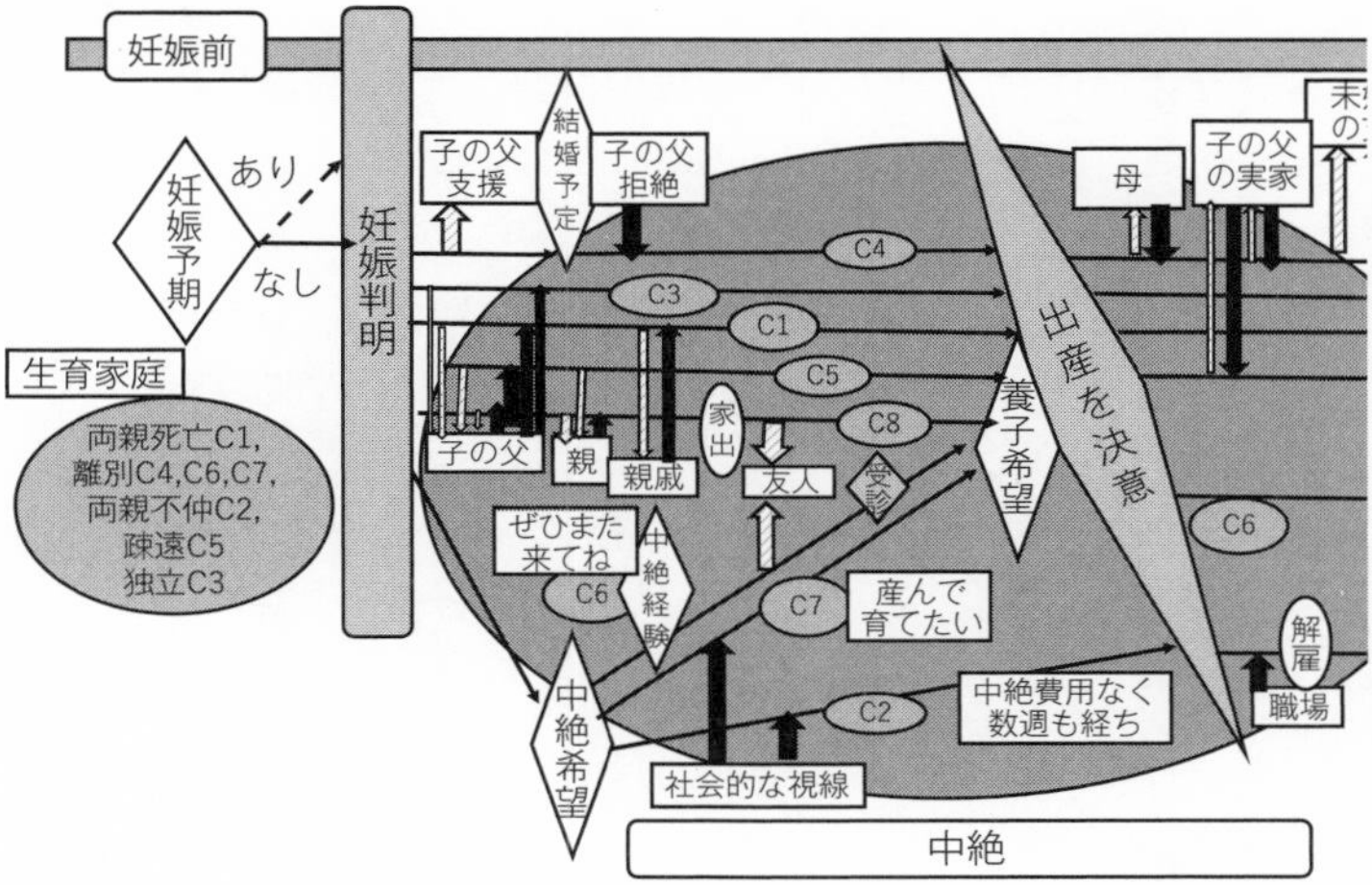

で解決しようとしてきた韓国社会にある。養子縁組を前提として未婚母の出産を支援する福祉施設の存在も大きい。彼女たちが経験した苦難のプロセスは、彼女たちが曝《さら》された家族や職場での厳しい拒絶や、子どもを父親の家のものと位置付ける家父長制、中絶手術が受けにくく、養子縁組を主たる支援としてきた韓国ならではの環境を明らかに指し示している。

なお、日本と異なって、妊娠から養育に至るまでの間に、未婚母のための支援組織があること、そして、自らと同様の未婚母に支援組織を通じて出会うという経験があることにも注目しておきたい。

3 非婚母への分かれ道

(1) 結婚という選択肢がなぜ選ばれないか

日本と韓国に共通する非婚母「選択」の理由は、第一に生育家庭での経験である。そのなかにも二種ある。一つは自ら育った家庭の両親の不和の経験である。両国の複数の女性たちが法的婚姻関係や家庭をもつことへの不信（韓国では男性への不信）を語った。もう一つは、既に女性自身がひとり親家庭での生育歴をもつ場合である。たとえば、「何とかなる」「まあ、どうにかなるかなあ」というような言葉が語られる。どちらの理由も、今後の非婚母の増加要因になり得る。両親の関係が家父長的であったり暴力的であったりと女性差別的であり続ける限り、それは女性たちの非婚母となる選択を後押しする作用をもつ。加えて、日本でも韓国でも離別によるひとり親世帯の増加によって、人々の意識が変容してきており、非婚母はさらに許容されていくことが推測される。

第二の理由は、子の父との経験である。日本のインタビュー参加者のなかには事実婚や交際という形で子の父と関係を維持している女性たちがいるが、他方で、両国ともに、「子の父」「配偶者」として考えた場合に強い不信をもち、婚姻関係を拒否した女性たちがいる。その場合には、妊娠したことを知らせないという場合もあり、そもそも子の父の所在が不明の場合もある。この点も離別の場合と異なる。離別では原則として子の父が明らかとなっており、養育費の支払いの問題がそれを前提に、要求や拒絶として生じる。しかし、非婚母の場合には、そもそも子の認知を求めねばならない場合や、求めることができない場合、あるいは認知を求めたくない場合など、さらに様々な可能性があり、離別の場合とは異なる支援が必要になる。

くわえて、日本では戸籍制度を拒絶している場合がある。これは自身が被差別の体験をもつ場合もあれば、そうでない場合もあるが、選択の理由となる価値観として語られた。インタビュー当時、韓国ではすでに戸主制が廃止されており、戸籍制度に反対して非婚母になるというケースは聞き取られなかった。

(2) 中絶という選択肢がなぜ選ばれないか

非婚母に特有のプロセス

非婚母の場合には、中絶を選ばないという選択も行なわねばならない。その理由は、第一に子どもがほしかったという場合がある（A2、A5、A7、B3）。すでに述べたように、中絶という選択肢は、予期しない妊娠をしたほぼ全員がまず中絶を考えたという事実からして、非常に強力な選択肢として存在しているといえる。それだけでなく、周囲から中絶の推奨（A1、A4、A6、A8、B2）があり、また、中絶を含めてどんな選択肢を選んでも支持するという反応もある（A3）。

しかし、ここで「選択」という視点からして重要だと思われるのは、周囲からの中絶の推奨が、本人の出産の決意を結果的にゆるがさなかったという点である。そのゆるぎなさは、特に四〇歳前後で非婚母となることを決断した二人に明らかで、過去の中絶の経験が「今度は産もう」という強い意志に結果している（B2、B4。韓国ではC6）。また、「妊娠の事実自体を考えない」という事実の受容のしかたがある（B1）。予期しない妊娠に対するこのような対応は、すなわち非婚母となって養育という状態に到達するために、彼女たちが周囲の人々に妊娠を告知し支援を取り付けるに至る交渉の方法なのである。

他方、若い世代においては、一人で悩む時期が出産の決意に繋がることがある。そのプロセスでは、超音波検査で画像を見て「殺せない」と感じることがある（A3）。中絶費用一〇万円が子どもの命と引き換えであることに疑問をもった場合（A8）や、一人で考えるうちに婚姻関係の有無で中絶を考えるのは「変」だと思い至った場合（A4）もある。この期間は、胎内に子どもの命があることを身をもって感じながら、多くの選択肢のなかから選択を迫られる、あるいは逆に可能な選択肢が見えにくい状況のなかで悩む、非婚母特有のものである。

カミングアウトとしての妊娠の告知

しかし、そこからの彼女たちの交渉は、いわゆる子育て支援などで支援を求める行為とは異なる。なぜなら、妊娠初期から中期まで、妊娠していることが周囲に知られない期間があるからである。その時期は中絶可能な時期でもあるため、妊娠を告知することは中絶を推奨される可能性をともなうし、二〇歳以上であればそもそも誰にも告知せずに中絶しこの悩みを終わりにすることもできる。にもかかわらず告知するとき、もちろん迷う気持ちがある場合もあるだろうが、気持ちのなかにどこか産み育てることの可能性を求める気持ちがあるのではないか。この行為は、妊娠が周囲に知れない時期であるにもかかわらず告知するという点で、「カミングアウト」である。

そして、彼女たちは、体が刻一刻と変化し、中絶できない時期、出産する時期が近づいてくる日々のなかで「トライアル アンド エラー」を繰り返すというタフな交渉を行なう。このプロセスは、周囲の支援をずっと得ているA5であっても例外ではない。彼女は、職場の同僚に不倫の結果ではないことを念押しされてから、支援を受けた。無条件での支援を得ることは至難である。これが、非婚母たちの現実であり、交渉であり、支援を得る「選択」のプロセスである。

4　支援がもたらすエンパワメント

自己責任化する日本と、厳しい差別の残る韓国

非婚の女性が養育を選択することによって自身の家族を形成する「選択」は、いかにして可能となるのか。本章は、その可能性を、中絶（韓国では養子縁組）への圧力を感じながら彼女たちがサポーティブな社会関係を追求する過程に求めた。そこで日本と韓国を比較した場合、第一の違いは日本で

はサポーティブな家族や友人がいることによって非婚母になり得ているのに対して、韓国では家族や職場が拒否的であったために未婚母支援組織の支援によって非婚母になり得たということ、第二の違いは、その結果として、日本ではピアサポートとの出会いがなく、韓国では多いということである。

韓国から比べれば、日本は露骨な差別が少ないかもしれない。しかし、日本の彼女たちの社会関係は、裏返せば、家族や職場が受け入れてくれる幸運な場合には非婚母になることができ、そうでなければ何も公的な組織や民間組織が無いということである。女性たちの悩みの解決は私化された社会関係の運不運に依存しており、極めて私領域的で自己責任的な解決方法しか存在しない。そして、その私領域において支援してくれる人々に対して、彼女たちは自己責任を感じるのである。

非婚母の場合、妊娠の告知から始まる社会関係は、単に支援を求める行為ではない。社会規範に従って依存可能な関係を得ようとする社会的行為であり、支援を求めるカミングアウトとタフな交渉は、社会規範と非婚母になるという決意との、私領域内でのせめぎ合いとなる。この交渉の成功（非婚母の実現）は、日本では本人の力と運に依存し、力と運がない場合には社会規範の圧力が彼女たちを中絶や婚姻、最悪の場合には、乳児殺しや遺棄に押しやる。出産と養育という決意を必死で貫いた後にも、社会規範の圧力は、たとえば「子どもができて、でも結婚しなくて、家を出ていかなくて、居候させてもらってて……できることがないから」（Ａ３）、「大変じゃないといけない、幸せそうにしていたらいけない」（Ａ７）、というように彼女たちを縛る。

他方、家庭や職場といった私領域で差別が非常に厳しい韓国では、それゆえに養子縁組の斡旋組織、フェミニストの組織、公的な支援制度、当事者組織など複数の支援組織が存在する。女性たちは、自力ではあるがネット検索して支援に辿り着く。支援組織は、①安心安全な住居、②経済的支援、③心理的および身体的な健康のサポート、④本人のキャリア支援と、⑤育児支援を提供する。差別と拒絶によって奪われた生活基盤の保障が、韓国では何よりもまず必要だからである。第3章でみたように、公的支援が（当事者からみれば不十分な点もあるだろうが）政策として取り組まれているのである。

これらの支援は、死別や離別による女性ひとり親にも必要な場合があるが、非婚母には妊娠時から必要である。しかも彼女たちの選択に寄り添って、それが中絶や結婚、そして養子縁組を選択するものとなっても彼女たちの自己決定を支援することが大切である。

また、韓国では、未婚母支援組織の福祉施設で過ごすうちに彼女たち自身がピアサポーターになってゆく。図8－5に示したように、日本にない、韓国の非婚母たちの社会関係の特徴は、ピア関係、そして自身が支援する側に立つ関係をもつという点である。養子縁組を行なう支援施設にいたC4は、「同じ空間に集まって互いに世話をするので、赤ちゃんの可愛さがわかるんです。その人は子どもを育てるのが本当に幸せそうに見えるんです」という経験をして、養育を選択するように変化した。その施設を出た母子が次に生活する「共同生活家庭」という福祉施設からも週末に友達が訪れるので、「あの人にできるのに私が育てられないのか」という考えに変わったという。C2は、「私も助けてもらいたかったんです。私も助けてもらって、ほかのお母さんたちも助けてあげたい」という気持ちになっていった。日本では、乳児院に預けたA8とB1は、いずれも本人が養育を望む強い気持ちがあって、のちに養育を実現した。他方、韓国で、養子縁組に向かわせる強い圧力のなかで、養子縁組ではなく養育が選択されたことの大きな要因がこのピアサポートである。

エンパワメントの源としてのピアサポート、そして子どもの存在

日本で、非婚母に関して私たちがほとんど見つけることができなかったこの社会関係は、「エンパワメント」として論じられているものである。(7) つまり自己肯定感をもち、社会的資源をコントロールして自分の人生を設計していくとともに、ネットワークを形成して社会を変革する主体になることである。関係性のなかで実践されるエイジェンシーは、このように変容することが可能であり、私領域的関係だけでなく、より開かれた社会関係のなかでピア関係を経験することがもつ意味は大きい。

そして最後に、強調しておきたい。中絶や養子縁組といった選択肢をもちながら、支援を受けて養育を選択した非婚母たちにとって、子どもは自分を「生まれ変わらせてくれた」存在（C6）、「福袋」（C2）、子どもの重い病気に立ち向かうことで逆に「一生懸命すぎて……（子の父のことを）忘れたって感じ（笑）」（A3）と思えてしまうような、エンパワメントの源である。子育ては大変だけれども、彼女たちは、わが子という一人の人間の生に対する責任を選び取った。「自分と他者を守るた

めの責任を引き受けることは（略）重要なエンパワーする行為」である［グレイメイ 2000: 50］。非婚母たちが妊娠の気づきからわが子の養育に至るプロセスは、選択と交渉の連続である。日本と韓国のどちらの社会が良いということではなく、それぞれに社会的課題が多く残されている。今後も、両国の非婚母たちが差別を受けず、必要な支援を適切に受けて、自己を信頼し、エンパワメントすることのできる社会をめざしたい。

〈注〉

（1）以下で用いる「非婚母」を定義しておく。日本で「非婚」という言葉を初めて用いたのは、善積京子と「婚外子差別を考える会」である［善積編 1992］。彼女たちは「婚姻制度における非嫡出子差別に反対する」という明確な意図をもって、この言葉を用いた。しかし、本章では「非婚母」を、「法的婚姻関係にない男性との子どもを産み育てる女性」と定義する。女性本人の婚姻制度に対する明確な意志の有無、婚姻経験の有無、子どもを妊娠・出産した時の婚姻関係の有無、子の父による認知の有無を問わない。さまざまな事情によって非嫡出子の母となった女性という包括的な意味で用いる。なお、より広くとらえれば、同性パートナーとの間に子どもを得た女性までを含みうるが、本章では、妊娠・出産のプロセスでの男性との関係性における女性の主体性（エイジェンシー。バトラー［1999］参照）に注目するため、子の父と性的関係をもった異性愛の女性に限定する。なお、公的統計や引用文献等において「未婚母」とある時はそのままとする。

（2）https://zenninnet-sos.org/

（3）韓国の統計では、「嫡出子」「非嫡出子」以外に「不詳」がある。その数は一九九九年以降は千人を超え、二〇一〇年には一九八九人となった。その後は減少して、二〇一八年は一九四人まで減っている。非嫡出子数のピークは二〇一〇年の九六三六人（全出生に占める割合は二・〇五％）であるが、その時の「不詳」をこれに加えると一万一六二五人（二・四七％）となる。「不詳」には嫡出子とともに非嫡出子も含まれているだろうから、特に「不詳」の多かった二〇一〇年前後の比率の解釈については注意が必要である。

（4）厚生労働省の国民生活基礎調査でも母子世帯数は調べられるが、未婚など事由別の数値は分からない。

（5）二〇二一年の調査では、未婚の母のいる世帯の平均収入が、死別・離別よりも高いことなど、いくつか異なる結果が出ている［厚生労働省 2022］。

（6）表8－1Cの「チョンセ」は一般的な賃貸制度の一つで、契約時にまとまった保証金を支払い、契約期間終了後、家主の意向で契約更新されない場合には保証金が全額返金される。チョンセを用いて母子世帯のための公的住宅として利用しているケースがあるが、更新が難しく退去を余儀なくされる場合もある。

（7）支援団体ではなく、非婚母に限定していないが、住居と就労・子育て支援を組み合わせることによって、ピアサポートを実現している民間の貴重な取組みがある［遠藤 2018］。

文献リスト

〈日本語文献〉

ＥＹ新日本有限責任監査法人 2022 『令和三年度経済産業研究委託事業（女性起業家支援に係る支援のあり方及び支援者連携スキームに係る調査）事業報告書』. https://www.meti.go.jp/policy/economy/jinzai/joseikigyouka/index.html.

遠藤雅子 2018 「シングルマザーの就労支援に関する一考察――シェアハウスを中心に」『東海学院大学研究年報』3: 1-9.

大阪府 2020 「『新型コロナウイルス禍が女性に及ぼす影響について』緊急アンケート結果」. http://www.pref.osaka.lg.jp/danjo/danjo/kinkyu.html.

岡克彦 2017 『「家族」という韓国の装置――血縁社会の法的なメカニズムとその変化』三省堂.

姜恩和 2015 「予期せぬ妊娠をした女性の支援に関する考察―韓国の「未婚母子施設」を通して」『人文学報』499（社会福祉学31）:1-13.

神原文子 2007 「ひとり親家族と社会的排除」『家族社会学研究』18: 11-24.

―― 2010 『子づれシングル――ひとり親家族の自立と社会的支援』明石書店.

―― 2013 「『子づれシングル』女性の生活システム分析の試み」『児童心理学の進歩２０１３年版』: 230-250.

―― 2020 『子づれシングルの社会学――貧困、被差別、生きづらさ』晃洋書房.

キム・ヘヨン 2013 「未婚の母に対する社会的な差別と排除――差別のメカニズムと特徴を中心に」『ジェンダーと文化』6(1): 7-41（梁京姫訳）.

グレイメイ、リンネア 2000「女性のエンパワーメント」L・M・グティエーレス他編、小松源助監訳『ソーシャルワーク実践におけるエンパワーメント─その理論と実際の論考集』相川書房、pp.33-64.
GLOBAL NOTE 2022「グローバルノート」https://www.globalnote.jp/post-10401.html.
厚生労働大臣官房統計情報部 2010『平成二二年度「出生に関する統計」の概況 人口動態統計特殊報告』https://www.mhlw.go.jp/
厚生労働省 2017『平成28年度全国ひとり親世帯等調査結果報告』https://www.mhlw.go.jp/stf/seisakunitsuite/bunya/0000188147.html.
──2019『令和元年人口動態統計（確定数）の概況』https://www.moj.go.jp/content/001347792.pdf.
──2022『令和３年度全国ひとり親世帯等調査結果報告』https://www.mhlw.go.jp/stf/seisakunitsuite/bunya/0000188147_00013.html.
国立社会保障・人口問題研究所 2022a『人口統計資料集 二〇二二』厚生労働統計協会.
──2022b『第一六回出生動向基本調査』http://www.ipss.go.jp/
国立女性会館 2022『女性関連施設データベース』https://winet.nwec.go.jp/sisetu/（非公開）
シングルペアレント１０１企画・発行 2015『プレ・シングルマザー手帖』.
堺恵 2012「『全国母子世帯等調査』における調査項目の変遷──就労及び収入の状況を中心に」『龍谷大学大学院研究紀要 社会学・社会福祉学』18: 55-64.
桜井陽子 2008『「女性と貧困」問題への女性・男女共同参画センターの取り組み──パソコン講座ガイドブック』全国女性会館協議会.
周燕飛他 2012『シングルマザーの就業と経済的自立』（労働政策研究報告書１４０）労働政策研究・研修機構.
全国女性会館協議会編・発行 2010『広がる支援ネットワーク 特定非営利活動法人全国女性会館協議会の事業』.

相馬直子 2012 「圧縮的な家族変化と子どもの平等：日韓比較を中心に考える」『人口問題研究』68-3: 85-104.

——— 2020 「ひとり親家族支援政策の国際比較・韓国のひとり親家族支援政策：家族事業体の形成と連帯の諸相」『大原社会問題研究所雑誌』746: 55-78.

総務省 2022 『令和2年国勢調査』. https://www.e-stat.go.jp/

田間泰子 2018 「日本の非婚母研究に関する社会学的課題」『女性学研究』25: 66-81.

中小企業庁 2022 『二〇二二年版 小規模企業白書』. https://www.chusho.meti.go.jp/pamflet/hakusyo/2022/shokibo/index.html.

チョン・ヨンスン 2016 「韓国でひとり親として生きていくということは」一般財団法人アジア・太平洋人権情報センター『国際人権ひろば』125: 6-7.

内閣府男女共同参画会議基本問題専門調査会 2008 『地域における男女共同参画推進の今後のあり方について』. https://www.gender.go.jp/kaigi/senmon/kihon/pdf/tiikisankaku2.pdf

西文彦 2012 「シングル・マザーの最近の状況 (2010)」. http://www.stat.go.jp/training/2kenkyu/pdf/zuhyou/single4.pdf.

二宮周平・松本康之監修、協議離婚問題研究会（リコン・アラート）編 2019 『無断離婚対応マニュアル——外国人支援のための実務と課題』加除出版.

バトラー、ジュディス 1999 竹村和子訳『ジェンダー・トラブル——フェミニズムとアイデンティティの攪乱』青土社.

バラ、A・S&ラペール、F 2005 福原宏幸・中村健吾監訳『グローバル化と社会的排除』昭和堂.

法務省出入国在留管理庁 2021 「在留外国人統計」. https://www.moj.go.jp/isa/policies/statistics/toukei_ichiran_touroku.html.

村松安子・村松泰子編 1995 『エンパワーメントの女性学』有斐閣.

湯澤直美 2020 「ひとり親家族支援政策の国際比較・日本のひとり親家族支援政策」『大原社会問題研究所雑誌』746: 79-101.

善積京子編 1992 『非婚を生きたい——婚外子の差別を問う』青木書店.

〔韓国語文献〕

KOSIS（韓国統計情報サービス． Korean Statistical Information Service) https://kosis.kr/

女性家族部（여성가족부）2022 『二〇二一年 ひとり親家族実態調査』（2021 년 한부모가족실태조사）． https://www.korea.kr/

保健福祉部（보건복지부）2021 『二〇二一年保健福祉統計年報』（2021 년 보건복지 통계 연보）67、保健福祉部発行．

保健福祉部（보건복지부）2022 『二〇二一年国内外入養現況』（2021 년 국내외입양현황）． http://www.mohw.go.kr/

Ministry of Gender Equality and Families（女性家族部）2022 Result of the survey on the status of single-parent families 2021. http://www.mogef.go.kr/

〔英語文献〕

Daly, Mary and Katherine Rake 2003 *Gender and the Welfare State: Care, Work and Welfare in Europe and the USA*. Polity.

DAWN(Development Alternatives with Women for a New Era) 1985 *Development, Crises, and Alternative Visions: Third world Women's Perspectives*. Delhi: Dawn.

OECD 2018 *Chart SF2.4.A. Share of births outside of marriage*. http://www.oecd.org/els/family/database.html.

OECD 2022 *Poverty rate*. https://www.oecd-ilibrary.org/social-issues-migration-health/poverty-rate/indicator/english_0fe1315d-en.

Sainsbury, Diane (ed.) 1994 *Gendering Welfare States*. London, California and Delhi: Sage.

おわりに

本書を終えるにあたり、私たちのインタビュー調査に参加してくださった支援者の方々と、ひとり親当事者の方々に、あらためて心から感謝の意を表します。自らの経験を語ることには、それだけで「力」が必要です。私たちの調査のために、その貴重な力を割いてくださって本当に有難うございました。そのおかげで、私たち自身がエンパワメントされましたし、本書も完成させることができました。

本書のキーワード「エンパワメント」は、一九七〇年代から八〇年代にかけて、社会的に抑圧された人々の主体化と社会変革をめざして広く用いられるようになった言葉です。特に、一九八〇年代以降には開発途上国においてフェミニズムのキーワードとなり［DAWN 1985］、九〇年代には第四回世界女性会議（一九九五年）での行動綱領に見られるように、ジェンダー平等の実現にとって不可欠な要素となりました。

この時期には、同時に先進国の女性研究者を中心として、西洋近代的な福祉国家のありかたが問題とされました。女性にケアを無償労働として担わせ、男性には稼ぎ手になることを期待し、そのような家族でなければ認められない社会のありかたが批判されたのです。多くの研究が、豊かな国であるはずの先進諸国において、女性ひとり親世帯の貧困と被差別の実態があることを明らかにし、女性が離別しても、また非婚でも、子どもとともに人間らしい尊厳ある生活ができる、つまり人権が尊重される社会を求めました［Sainsbury 1994, Daly and Rake 2003］。

しかし、日本の現状をみると、今世紀に入ってもなお、ジェンダー平等の実現も子どもの人権も「道まだ半ば」と言わざるを得ません。少子化対策は多数行なわれていても、ジェンダー不平等を是正しようとする視点に乏しいからです。また、政治への参画も少なく、リプロダクティブ・ライツの保障も非常に遅れているからです。そんな時、私たちは韓国のひとり親家族支援から、「エンパワメント」をキーワードにすることの大切さを学びました。すでに九〇年代に日本で紹介されていたにもかかわらず［村松・村松 1995］、「母子福祉」や「母子保健」という従来の政策的な枠組、次いで少子化対策の流れのなかで、紛れ埋もれてしまった視点です。本書がこの状況に一石を投じ、女性と子どものエンパワメント、また支援者のエンパワメントに役立つことを願います。

このエンパワメントが目指すのは、社会的排除を政治課題として解決しながら、多様な人びとが繋がり共存し合える包摂型社会の実現です。社会的排除という観念は、一九八〇年代以降、欧州において、経済のグローバル化、労働市場のフレキシブル化、福祉国家の崩壊、個人化が進行するなかで、人びとの間での不平等の拡大、社会的結束の喪失、社会的・経済的脆弱さの広がり、仕事・住宅・医療サービス・教育へのアクセス困難な人びとの増大など、社会的分断、剥奪、マージナル化といった社会的懸案問題への斬新なアプローチとして広まったとされています［バラ&ラペール 2005］。ＥＵでは、社会的排除の解決を政治課題と捉えて、二〇〇〇年に、「社会的包摂に関するナショナル・アクション・プラン」を提起したのです。残念ながら、日本政府においては、未だ社会的排除の解決を重要な政治課題として取り組むという姿勢は見られません。しかし、「インクルいわて」の実践にみられるように、ひとり親家族のみならず、だれにとっても、貧困のみならず、さまざまな差別、社会的孤立、絶望、重圧など、生きづらい状況があれば、それらは、社会的排除ゆえであって、地域ぐるみで、そして、社会全体の問題として解決に取り組むという視点が、社会変革の大きなパワーとなりそうであり、希望です。

なお、本書のもととなった調査は、次頁に記した助成金を得て行なわれました。また、私たちの調査研究では、執筆者の他にも熊本理抄さん（近畿大学）、近藤理恵さん（岡山県立大学）、高谷幸さん（東京大学）、キム・ヘヨン教授（淑明大学・当時）に研究協力いただきました。出版をひきうけて下さった白澤社とカバー・表紙・扉のイラストを描いてくださった尼野三絵さんへの感謝とともに、ここに記します。

嫡出推定に関わる民法改正のニュースを聴きつつ

二〇二二年一〇月

神原文子

田間泰子

〈助成金〉

・神戸学院大学人文学部研究推進費助成事業 二〇一三年度「日本、韓国、在日コリアンのひとり親家族への複合差別と社会的排除に関する実証研究」（研究代表者：神原文子）

・日本学術振興会科学研究費助成事業基盤研究（B）（一般）二〇一四〜一六年度課題番号 26285126「ひとり親家族にみる社会的排除、複合差別、および、社会的支援に関する日韓の比較研究」（研究代表者：神原文子）

・日本学術振興会科学研究費助成事業基盤研究（B）（一般）二〇一七〜一九年度課題番号 17H02602「ひとり親家族を生活主体とする支援のあり方に関する日韓共同研究」（研究代表者：神原文子）

（作成：神原）

主な支援内容	一言メッセージ
岩手のひとり親家庭が楽しく、明るく、未来への可能性を広げられるように、よりそい、サポートします。	家族のカタチにかかわらず、誰もが生き生きと暮らしていける包摂された社会（Inclusive Society）の実現に向けて活動しています。
子ども・若者たち、その家族の居場所づくり	ひとり親で子育てしている方の居場所＆つながりづくりとして、フードパントリーや子ども食堂、交流会や相談会などを開いています。お気軽にご連絡ください！
おしゃべり会　電話相談　子どもの居場所	気持ちを共有できる仲間がたくさんいます。 みんなで支えあい子育てしていける活動の輪を広げていきます。
ひとり親とその子どもへの就労支援、相談支援、生活支援、情報提供、調査研究および政策提言活動、全国のひとり親支援団体への支援活動など。	ママが元気になれば子どもたちもしあわせに！　そして子どもたちが元気になればママももっとしあわせに！　あたりまえにシングルマザーと子どもたち、ひとり親と子どもたちが生きられる社会をつくっていきましょう。
自分のケアがあとまわしになりがちなシングルマザーが、オンラインのストレッチ講座を通じてセルフケアする場を提供。他の参加者と地域を超えて交流することで、互いを励まし合える効果もある。	家族のあり方や生き方がますます多様化する現代において、困難な状況に陥りやすいひとり親の女性が、本来持つ力を発揮して、活きいきと暮らしていけることを目指しています。
孤立緩和のための交流会や自立支援に向けた講演会など横須賀市からの受託事業。相談事業。緊急一時的な食糧等物資支援。	「ピアサポート」を原点に、いつでも誰でも仲間になれる温かい集まりです。 「ひ」とり親の「まわり」まわる助け合いを目ざしています。
ひとり親のための交流会・勉強会事業、子どもたちのための体験格差解消事業、生活支援事業、情報提供事業など。	「母と子の第一歩を支える、日本一元気なシングルマザーの会」を活動理念とし、社会的に孤立しやすいシングルマザーが、自分の選択に誇りを持ち自分らしく生きるために、心の持ちようを変える「きっかけの場」をつくっています。自立した母親から子どもたちへ「力強く生きる力」を引き継ぎ、不幸の連鎖を断ち切っていくために、ご支援、ご協力いただけますと幸いです。
プライバシーに配慮した安心・安全な場でのひとり親同士の交流会の開催、ひとり親に役立つ公的支援制度や民間支団体等の情報提供、食糧配布会やリユース品譲渡会の開催、子どもの生活体験支援、相談対応、アドボカシー活動	周りが何と言おうとあなたの選択は間違ってない！胸張っていきましょう♪ ひとり親に乾杯（Cheers）！！
当事者支援（食料支援、相談支援）、支援者支援、未来の当事者支援	「ひとり親でも安心して暮らせる社会」を目指して活動しています。

表 2-1　ひとり親支援団体一覧（掲載許可をいただいた団体）

ひとり親支援団体名	支援できるエリア	連絡先 メール、URL
認定 NPO 法人インクルいわて	岩手県内	019-626-6061 info@incluiwate.jp https://incluiwate.jp/index.html
クローバーの会@やまがた	山形県内	023-664-2275 info@cloveryama.com https://clover-yamagata.jimdofree.com/
NPO 法人しんぐるぺあれんとF・福島	福島県内	024-983-1934 singurumm@yahoo.co.jp http://smff.jp/
認定 NPO 法人しんぐるまざあず・ふぉーらむ	全国（支援により一部除外地域あり）	03-3263-1519 info@single-mama.com https://www.single-mama.com/
NPO 法人シングルマザーズシスターフッド	全国（オンライン）	090-8490-5274 info@singlemomssisterhood.org https://www.singlemomssisterhood.org/
よこすかひとり親サポーターズ・ひまわり	神奈川県横須賀市を中心にその近郊（三浦市、逗子市、三浦郡など）	070-6635-7365 yokosuka_himawari@yahoo.co.jp https://www.yokosuka-himawari.com/
石川シングルマザーの会	石川県	sinmama.ippo@gmail.com https://ks-mama.com/
ひとり親ピアサポート団体「ひとり親 Cheers」	岐阜県	050-3561-5087 hitorioyacheers@gmail.com https://hitorioyacheers.wixsite.com/singleparents
シングルペアレント 101	静岡県	singleparent101szk@gmail.com https://singleparent101.localinfo.jp/

主な支援内容	一言メッセージ
シングルマザー居場所提供　自立支援　相談　母子の学習支援	出会い・つながることを大切にしています
ネットワークを作っている他団体といっしょに困りごとに対応します。食糧支援などの直接支援は行なっておりません。	にじともさん（LGBTQ のメンバー）といっしょに子育てをする「シンママにじともプロジェクト」を開催しています。
親子のエンパワーメント支援事業（各地おしゃべり会、合宿、クリスマス会、食料品などの物資や文化的な体験活動支援等）相談事業など	お母さんたちの声をはじめ、必要な資料などお役に立つことがあれば、おしゃってください。
ひとり親・生活困窮家庭のための「いのちまるごとプロジェクト」事業　　人が生きていくのに必要な「食べる・学ぶ・暮らす」という３本の柱に組み立てている。 【食べる】共生型こども食堂「日ようびの昼ごはん」 食料配布及び宅配など。 【学ぶ】オンライン学習「みらい」：経済的理由により学習の機会が少ない子どもたちの「やってみたい」を応援。 【暮らす】母子家庭のための共同住宅「ハーモニーはうす」（ステップハウス）	「ふれあい・たすけ愛（地域共生）社会の創出～子どもから高齢者まで安心して自分らしく～」 子どもから高齢者・障がい者・若者、今を生きるすべての人が安心して生きていくことのできる社会をめざし、事業を組み立て実施している。人生のなかにある他者のさまざまな「困りごと」を「我がこと」と考え、「まるごと」引き受けていく支えあい文化が、我々がめざす「ふれあい・たすけ愛（地域共生）社会」だと考えている。
相談交流会・個別相談（オンライン可）・食品衛生用品配布・専門職（弁護士・臨床心理士・ファイナンシャル・プランナー・助産師・行政など）への支援連携	島根県内各地の助産院が拠点となって、定期的に交流相談会の実施・専門職への紹介・衛生用品の配布などを実施しています。参加したい人が参加したい時に自由に参加でき、個別相談やオンライン相談、非婚妊婦さんの参加も可能です。
子育て支援、食糧支援、福岡市立ひとり親家庭支援センターの管理運営	シングルマザーがいきいきと暮らせる社会をめざして
行政への陳情、政策提言、当事者への食料等直接支援、おしゃべり会など当事者間の交流支援、情報提供としてメルマガ発信	韓国のひとり親の皆さんとの交流の機会があればと願っています。
食糧等送付事業（スペシャルボックス）／高校生大学生オンラインサポート（新品ノートパソコン＋基本ソフト＋プリンター＋ポケット Wi-Fi ＋三年間通信料の給付）／拠点 zikka（実家）運営（ごはん会、おしゃべり会、お泊り会、緊急一時保護、ショートステイ、産前産後ケア等々）／ママのための学校・zoom 講座／専門家との連携・同行支援／サポーター養成講座／サポーター通信毎月発行／ 2022 年度は「シンママワークサポート事業」（パソコン貸与と１年間のパソコンオンラインスキルアップ研修）	どの団体もコロナ前とコロナ後で活動内容・形態が大きく変わっていると思いますので、最新状況の聞き取りもされるべきではなかったかと思います。ありがたいことに、私たちの団体はコロナ後の活動が非常に評価され、多額の寄付金が寄せられるようになりました。

表 2-1（つづき）

ひとり親支援団体名	支援できるエリア	連絡先 メール、URL
認定 NPO 法人 女性と子ども支援センターウィメンズネット・こうべ	神戸市内	078-798-6150 wacca@mbr.nifty.com https://wacca27.wixsite.com/wacca
シングルマザーのつながるネットまえむき		spcf75g9@castle.ocn.ne.jp
NPO 法人 しんぐるまざあず・ふぉーらむ・関西	大阪、兵庫が中心	06-6147-9771 mail@smf-kansai.main.jp http://smf-kansai.main.jp/
認定 NPO 法人ハーモニーネット未来	笠岡市・井原市・浅口市・里庄町・矢掛町、岡山県内全域・広島県福山市 等、必要とされる地域	0865-63-4955 080-2900-6078 kodomo1@kcv.ne.jp http://hamomira.or.jp/
しんぐるまざあず・ふぉーらむ出雲（島根）	島根県内	Line:singleshimane singleshimane@gmail.com Facebook
NPO 法人しんぐるまざあず・ふぉーらむ・福岡	福岡県内	092-722-3003 ／ mail@smff.or.jp https://www.smff.or.jp
しんぐるまざあず・ふぉーらむ沖縄	沖縄県	info@smf-okinawa.org
一般社団法人シンママ大阪応援団	全国	06-6354-8662 soudan@shinmama-osaka.com http://shinmama-osaka.com/

（作成：朴）

URL	支援内容	一言メッセージ
greens.st.wakwak.ne.jp/905634/index.html	電話相談・役所、法律相談、家庭裁判所などへの同行通訳等	言語の支援により、適切な支援につながり、移住女性自身のエンパワメントにつながります。
http://www.a-atoms.info	外国人のための多言語相談サービス／日本語交流活動／子どもサポート事業　等	あらゆる困りごとについて一緒に考えることができます。気軽にお問合せください。
https://asianwomenscenter.jimdofree.com/	ホットライン、SNS 相談、情報提供、面談・同行など	女性たちはもともと力を持っています。しかし、ＤＶや人身売買、セクシュアルハラスメントなどの暴力や差別によって、その力が失われているときがあります。女性と子どもの人権が守られ、力を取り戻すことができるよう支援します。まずはお電話かメッセージを。
https://gqnet.jp/	・多言語生活ホットライン毎週金曜日 13 時～ 20 時 ・ひょうご多文化共生総合相談センター　毎週土曜日・日曜日 9 時～ 17 時 ・在留資格、労働問題、社会保障、教育、DV 問題など、外国人・外国にルーツを持つ人が抱える問題の相談。関係機関等への通訳、同行支援など、問題解決のサポート。	2022 年 8 月に「特定非営利活動法人」NGO 神戸外国人救援ネットになりました。多文化ルーツのひとり親家庭を始め、皆が安心して暮らせる多文化共生社会を共に築いていけたらと思います。
https://rink-osaka.com/	外国籍や外国にルーツをもつ人びとの、在留資格（VISA）、家族（DV・離婚ほか）、社会保障、労働やその他様々な問題の相談。同行支援、通訳者派遣。 オンライン相談：毎月 2 回（日）13:00-18:00 ベトナム語、インドネシア語、フィリピン語	「差別のない、共生社会の実現」を理念に外国籍や外国にルーツをもつ人びとの人権支援に取組んでいます。
	移民女性の困りごと相談、同行支援	一人で悩まない！ダメだと決めつけない！
	移住女性と子どもの相談・カウンセリグ、母子の自立支援など	今年で活動 20 周年になりました。新しい活動も模索中です。

表 6-1　移住女性ひとり親支援団体（掲載許可をいただいた団体）

移住女性ひとり親支援団体	所在地	メールアドレス 電話番号	支援可能な言語
ウェラワーリー	東京都	wwaaree11@gmail.com 080-2562-9878	フィリピン語、タイ語、中国語、ポルトガル語、ネパール語
(公財) とよなか国際交流協会	豊中市	atoms@a.zaq.jp 06-6843-4343	英語、中国語、韓国・朝鮮語、フィリピノ語、ネパール語、ベトナム語、インドネシア語、タイ語、スペイン語
NPO 法人アジア女性センター	非公開	awc-a@atlas.plala.or.jp 092-513-7333	日本語、英語、中国語
特定非営利活動法人 NGO 神戸外国人救援ネット	神戸市	gqnet@poppy.ocn.ne.jp 078-232-1290（相談専用）、078-271-3270（事務局）	英語、タガログ語、スペイン語、ポルトガル語（相談日であれば予約不要） 中国語、ベトナム語、ロシア語、その他の言語は要予約
RINK（すべての外国人労働者とその家族の人権を守る関西ネットワーク）	大阪市／関西圏の支援可	rink@a.email.ne.jp 06-6476-8228 （電話・来所での相談は、言語によって曜日・時間が異なります）	英語、中国語、韓国語、スペイン語、ポルトガル語、ベトナム語、タガログ語、インドネシア語、タイ語、ネパール語
そうみ－移住女性自立の会（SEWMi）	名古屋市内	sewmisisters@gmail.com 090-3959-5285	日本語、英語（要望に応じてタガログ語、スペイン語など）
カラカサン	川崎市	kalakasanjp@gmail.com 044-511-1562	英語、タガログ語、日本語

《執筆者・翻訳者(五十音順)》　執筆章

桔川 純子(きっかわ じゅんこ)　第7章

大学院時代、韓国慶熙大学大学院に留学。2006年より韓国のシンクタンク「希望製作所」日本支部の設立に携わる。現在は明治大学などで非常勤講師を務め、日韓の市民交流およびフェア・ツーリズム(観光版フェア・トレード)事業にも関わる。共著書に『危機の時代の市民活動』(東方出版)ほか。

キム ヒジュ(金 禧朱)　第3章

協成大学校社会福祉学科教授。研究テーマは多文化社会福祉、家族福祉、社会福祉実践。「未婚の母に対する韓国と日本の原家族受け入れの違いと地域史的背景」『地方史と地方文化』。「社会的支援がシングルマザーの生活満足に及ぼす影響自立意志の媒介効果を中心に」『韓国家族福祉学』。「脆弱階層女性の妊娠・出産および初期養育支援に対する質的研究」『家族と文化』ほか。

ソン ジョンヒョン(成 貞鉉)　第3章

協成大学校社会福祉学科教授。研究テーマは家族福祉、女性福祉、社会福祉実践。「新型コロナウイルスによる低所得の女性ひとり親家族の経済的負担経験と改善方案」『韓国コンテンツ論文誌』。「COVID-19時期の低所得の女性ひとり親家族の子育てと教育経験」『韓国家族福祉学』。『ひとり親家族の家族づくりと福祉の再構成:ひとり親家族福祉の新たな形成』(図書出版共同体)ほか。

チャン ヨンジン(蔣 延珍)　第3章

漢陽サイバー大学校社会福祉学科教授。研究テーマは家族福祉、社会福祉実践、社会福祉ネットワーク。『家族福祉論 新訂』(図書出版)。「ニューノーマル時代の社会福祉士の役割に関する質的研究」『韓国社会福祉行政学』。「COVID-19以降の福祉対象者の生活および健康に関する研究:性別、子どもの有無、世帯形態による集団間の違いを中心に」『韓国コンテンツ論文誌』ほか。

仁科 あゆ美(にしな あゆみ)　第5章

一般財団法人大阪府男女共同参画推進財団理事・本部長。1994年財団入職。ドーンセンター(現・大阪府立男女共同参画・青少年センター)において、女性相談事業や啓発事業、NPO・各機関等との協働事業を担当し、現在は財団自主事業としてシングルマザー支援事業や国の女性に対する暴力被害者支援事業等の事務局を務める。

朴 君愛(ぱく くね)　第6章

大阪で生まれ育った在日コリアン3世。(一財)アジア・太平洋人権情報センター(愛称:ヒューライツ大阪)上席研究員、当事者団体「アプロ・未来を創造する在日コリアン女性ネットワーク」代表。

梁 京姫(ヤン キョンヒ)　第3章翻訳

立命館大学経営学部授業担当講師

《編著者》 執筆章

神原 文子（かんばら ふみこ） はじめに・第1・2・4章・おわりに

社会学者。

単著『子づれシングル――ひとり親家族の自立と社会的支援』（明石書店）、『子づれシングルと子どもたち――ひとり親家庭で育つ子どもたちの生活実態』（明石書店）、『子づれシングルの社会学――貧困・被差別・生きづらさ』（晃洋書房）。『部落差別解消への展望――人権意識調査結果から人権啓発の課題がみえた』（解放出版社）。編著『よくわかる現代家族 第２版』（ミネルヴァ書房）ほか多数。子づれシングルたちが、貧困、差別、生きづらさを被らない社会の実現に向けて、これからも取り組みたいです。

田間 泰子（たま やすこ） はじめに・第７章第７節・第８章・おわりに

非婚母。社会学者。

単著『母性愛という制度――子殺しと中絶のポリティクス』（勁草書房）、『「近代家族」とボディ・ポリティクス』（世界思想社）。編著『リスク社会の家族変動』（放送大学教育振興会）。共著『問いからはじめる家族社会学 改訂版』（有斐閣）、『「ひと」から問う世界史 1』（大阪大学出版会）ほか多数。「産むこと・産まないこと・産めないこと」について考え続けてきました。本書が社会の変革に少しでも役立ちますように。

ひとり親《おや》のエンパワメントを支援《しえん》する――日韓《にっかん》の現状《げんじょう》と課題《かだい》

2023年2月22日　第一版第一刷発行

編著者　神原文子・田間泰子

発　行　有限会社 白澤社《はくたくしゃ》

〒112-0014　東京都文京区関口1-29-6　松崎ビル2F

電話 03-5155-2615 ／ FAX 03-5155-2616 ／ E-mail：hakutaku@nifty.com

https://hakutakusha.co.jp/

発　売　株式会社 現代書館

〒102-0072　東京都千代田区飯田橋 3-2-5

電話　03-3221-1321㈹／FAX　03-3262-5906

印　刷　モリモト印刷株式会社　／用　紙　株式会社市瀬

製　本　鶴亀製本株式会社　／装　幀　装丁屋 KICHIBE

 ISBN978-4-7684-7994-0